KB064669

고대 이집트 해부도감

일러두기

명칭과 지명 표기법은 현재 국내 이집트 학계에서 쓰이는 표기 관례를 따랐다.
그 외 표기법은 국립국어원의 외래어 표기 용례를 따랐다.

고대 이집트 해부도감

곤도 지로 지음 | 김소영 옮김 | 곽민수 감수

더숲

들어가며

고대 이집트의 역사나 문화에 매우 관심이 높아졌다. 방송이나 잡지 등에서 특집으로 다루기도 하고 매년 열리는 이집트 관련 전시회에는 많은 관객이 찾으며 큰 인기를 모은다.

그러나 아쉽게도 고대 이집트에 대해 한 권으로 정리 해설한 입문서를 찾아보면 의외로 드물다는 사실을 알게 된다. 그 원인 중 하나는 이집트 하면 '대피라미드', '투탕카멘', '클레오파트라'라는 세 가지 키워드만 다룬다는 점을 들 수 있다. 나는 살짝 냉소가 섞인 의미에서 이것을 '고대 이집트 3대 이야기'라고 부른다. 어떤 방송을 봐도 꼭 이 3대 이야기만 줄줄이 나온다. 확실히 이 이야기들을 다룬 특집 프로그램은 호기심을 자극하지만, 시청자 대부분은 대피라미드 건축(기원전 2550년경)이 투탕카멘 시대(기원전 1330년경)보다 1200년이나 앞섰고 클레오파트라 7세가 스스로 목숨을 끊었을 때(기원전 30년)보다 2500년이나 더 오래됐다는 사실 등을 제대로 알지 못하는 경우가 많다.

게다가《역사》의 저자 헤로도토스가 남긴 '이집트는 나일강의 선물'이라는 말도 그렇다. 나일강 덕분에 이집트의 농업이 다른 지역에 비해 훨씬 발달했고 크게 번영했다며 고대 이집트 문명에 대한 혜택을 나타내는 것으로 설명하는데, 실제로《역사》를 꼼꼼히 읽어보면 헤로도토스는 단순히 퇴적 작용

때문에 나일강 삼각주의 땅이 넓어졌다는 사실만 기술했다는 것을 깨닫게 된다. 이 유명한 '나일강의 선물'이라는 말이 원래의 의도보다 더 넓은 의미로 사용되는 것이다. 말이 꼬리를 달고 날아간 사례라고 볼 수 있다.

이 책에서는 우리가 고대 이집트에 대해 잘못 알고 있는 부분을 바로잡았다. 나아가 고대 이집트의 파라오나 왕의 무덤, 신전, 신들, 생활 등 여러 갈래로 나눠 해설했다. 이 책을 계기로 독자 여러분이 고대 이집트의 역사나 문화를 접할 기회를 갖게 된다면 매우 기쁠 것 같다.

곤도 지로

감수의 글

이집트학의 학문적 전통이 아직은 자리 잡지 못한 한국에서도 고대 이집트에 대한 대중적 관심은 상당히 뜨겁습니다. 2017년 국립중앙박물관에서 열렸던 특별전 '이집트 보물전'은 관람객 총수가 30만 명이 넘었을 만큼 흥행면에서 굉장한 성공을 거두었고, 올해에도 12월부터 네덜란드 레이덴 국립고고학 박물관 소장 유물들로 구성된 '이집트 미라전 : 부활을 위한 여정'이 예술의 전당에서 열릴 예정입니다. 그뿐만 아니라 여러 테마파크나 워터파크에서도 고대 이집트를 테마로 한 조형물들을 쉽게 만날 수 있습니다. 물론 이 조형물들은 대부분 고증을 거치지 않은 상태로 고대 이집트의 이미지만 가져와서 피상적으로 만든 것이지만, 지속해서 이런 조형물들이 만들어지고 있다는 사실은 고대 이집트에 대한 대중적 관심이 한국에서도 뜨겁다는 것을 분명하게 보여줍니다.

하지만 안타깝게도 접근성이 좋으면서도 내용이 정확한 고대 이집트 해설서는 그동안 한국에 거의 없었다고 할 수 있는 형편입니다. 그런 와중에 아주 유용한 책이 번역되어 출간되었습니다. 이 책은 고대 이집트의 역사뿐만이 아니라, 피라미드와 같은 매장 시설과 거대한 신전으로 대표되는 의례 시설, 그리고 미라와 관련이 깊은 삶과 죽음에 대한 고대 이집트의 세계관 등 고대 이집트 문명 전반에 관하여 친절하게 해설해주는 책입니다. 특히 흥미로운

일러스트가 곁들여져 있어서 독자들이 더 쉽게 고대 이집트에 다가갈 수 있을 것입니다.

이 책의 저자는 일본 이집트학의 심장이라고 할 수 있는 와세다대학교의 고고학 교수이자 이집트 현지에서 다수의 발굴을 이끈 일본의 가장 권위 있는 이집트 학자입니다. 그런 만큼 책 내용에 대한 신뢰도가 상당히 높습니다. 다만, 원서가 쓰인 시기가 몇 년 전인 만큼 최신 연구를 통해 밝혀진 사실들이 책의 내용에 반영되지 않은 부분이 있었습니다. 이 부분에 대해서는 감수자의 주를 통해 소개하는 방식으로 보완하였습니다. 그리고 감수 과정에서 일본식 용어들을 한국어에 잘 어울리는 방식으로 수정해 반영하였습니다.

인문학 분야에서 대중의 관심과 학문적 성취는 상호 의존적이라 할 수 있습니다. 이 책이 한국 대중 사회에 고대 이집트에 관한 보다 정확한 지식을 널리 유통시킬 수 있는 바탕이 되기를 기대합니다. 그리고 그 정확한 지식을 토대로 한국에서도 고대 이집트에 대한 대중의 관심이 이집트학을 하나의 학문 분과로 자리 잡게 하는 계기가 되었으면 합니다.

곽민수(한국 이집트학 연구소)

목차

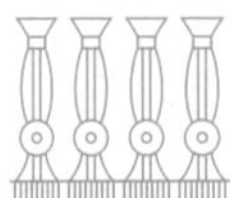

고대 이집트의 행정 구역

나일강을 따라 가늘고 길게 자리한 국토

상 이집트(22개 노모스)

1 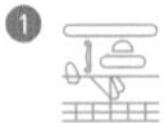

- **뜻:** 누비아
- **읽는 법:** 타·세티
- **주요 신:** 크눔, 사티스, 아누케트

2 

- **뜻:** 호루스의 왕좌
- **읽는 법:** 우체세트·헤르
- **주요 신:** 호루스

3 

- **뜻:** 사당
- **읽는 법:** 네켄
- **주요 신:** 네크베트, 호루스

4 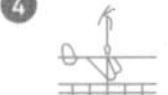

- **뜻:** 우아스의 지팡이
- **읽는 법:** 와세트
- **주요 신:** 아멘, 무트, 콘수

5 

- **뜻:** 두 마리의 매
- **읽는 법:** 네체르우이
- **주요 신:** 민

6 

- **뜻:** 악어
- **읽는 법:** 이케루
- **주요 신:** 하토르

7 

- **뜻:** 시스트럼
- **읽는 법:** 하트
- **주요 신:** 하토르

8 

- **뜻:** 위대한 땅
- **읽는 법:** 타·우르
- **주요 신:** 켄티아멘티우, 오시리스

9 

- **뜻:** 민
- **읽는 법:** 메누
- **주요 신:** 민

10 

- **뜻:** 코브라
- **읽는 법:** 와제트
- **주요 신:** 네프티스

11 

- **뜻:** 세트 (신)
- **읽는 법:** 샤이
- **주요 신:** 세트

12 

- **뜻:** 살무사의 산
- **읽는 법:** 주페트
- **주요 신:** 호루스

13 

- **뜻:** 위의 시코모르·무화과와 살무사
- **읽는 법:** 네제페트·케네테트
- **주요 신:** 우푸아우트

14 

- **뜻:** 아래의 시코모르·무화과·살무사
- **읽는 법:** 네제페트·페헤트
- **주요 신:** 하토르

15 

- **뜻:** 산토끼
- **읽는 법:** 우네트
- **주요 신:** 토트

16 

- **뜻:** 산양
- **읽는 법:** 마·헤주
- **주요 신:** 크눔, 헤케트

17 

- **뜻:** 아누비스
- **읽는 법:** 아네프
- **주요 신:** 아누비스

18 

- **뜻:** 세트
- **읽는 법:** 네메티
- **주요 신:** 네메티

19 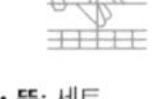

- **뜻:** 2개의 우아스 지팡이
- **읽는 법:** 우아부이
- **주요 신:** 메제드

20 

- **뜻:** 남쪽의 시코모르·무화과
- **읽는 법:** 나레트·케네테트
- **주요 신:** 헤르세프

21 

- **뜻:** 북쪽의 시코모르·무화과
- **읽는 법:** 나레트·페헤트
- **주요 신:** 소베크

22 

- **뜻:** 칼
- **읽는 법:** 메테니트
- **주요 신:** 비둘기

하 이집트(20개 노모스)

1 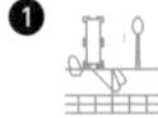

- **뜻:** 하얀 벽
- **읽는 법:** 이네브·헤젯
- **주요 신:** 프타, 세크메트, 네페르툼

2 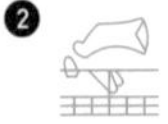

- **뜻:** 암소의 넓적다리
- **읽는 법:** 케무
- **주요 신:** 켄티·케무

3 

- **뜻:** 서방
- **읽는 법:** 이멘테트
- **주요 신:** 하토르

4 

- **뜻:** 남쪽 방패
- **읽는 법:** 네트·레시
- **주요 신:** 네이트

5 

- **뜻:** 북쪽 방패
- **읽는 법:** 네트·메푸
- **주요 신:** 네이트

11 

- **뜻:** 헤세브 수소
- **읽는 법:** 헤세브
- **주요 신:** 세크메트·마헤스

12 

- **뜻:** 송아지와 암소
- **읽는 법:** 체브·네체르
- **주요 신:** 안후르

13 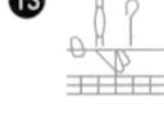

- **뜻:** 번영하는 지배
- **읽는 법:** 헤카·아네주
- **주요 신:** 아툼, 라

14 

- **뜻:** 동쪽 끝
- **읽는 법:** 야베트
- **주요 신:** 호루스

15 

- **뜻:** 토트
- **읽는 법:** 제프티
- **주요 신:** 토트

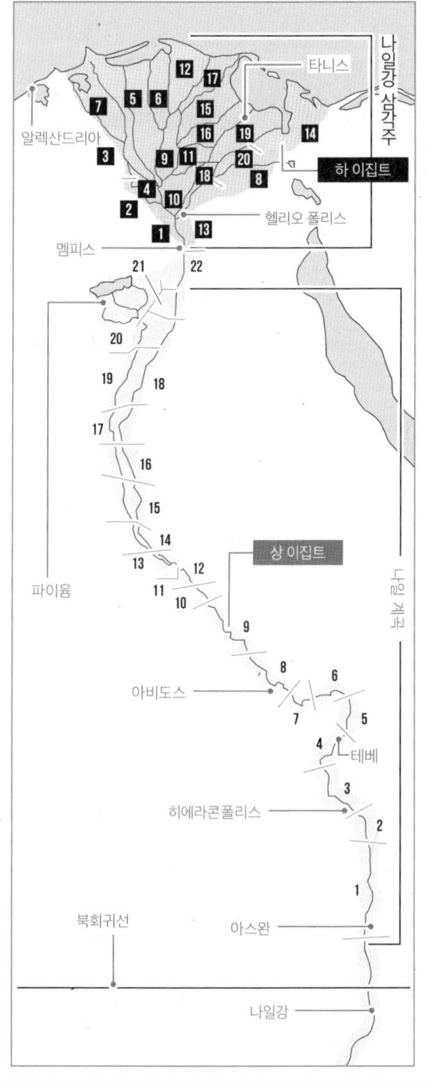

상하 이집트와 노모스의 분포

상하 이집트는 몇 개의 행정 구역으로 나뉘었으며 그리스어로 노모스라 불렸다. 마지막에 노모스는 상 이집트에 22개, 하 이집트에 20개 존재했고 각각 기호가 있었다. 지역마다 주신이 있어서 노모스의 명칭으로 쓰는 일도 많았다.

아프리카 대륙 북동부의 나일강 유역에서 번성한 고대 이집트는 북쪽의 나일강 삼각주 지대와 상류의 나일 계곡 지대, 두 지역으로 크게 나뉜다. 고대 이집트인은 북회귀선이 지나는 아스완의 나일강 제1급류 이북을 이집트의 영역으로 생각했다. 고대 이집트에서는 북쪽의 나일강 삼각주를 하 이집트, 그리고 남쪽의 나일 계곡을 상 이집트로 여기고 파라오를 '두 나라의 주인'으로 칭했다.

❻
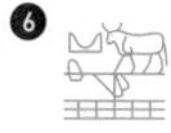

- **뜻:** 산의 수소
- **읽는 법:** 카수
- **주요 신:** 라

❼

- **뜻:** 서쪽 작살
- **읽는 법:** 후·게스·이멘티
- **주요 신:** 토트

❽

- **뜻:** 동쪽 작살
- **읽는 법:** 후·게스·이아베티
- **주요 신:** 아툼

❾

- **뜻:** 안제티 (신)
- **읽는 법:** 안제티
- **주요 신:** 오시리스

❿

- **뜻:** 검은 수소
- **읽는 법:** 케무·우루
- **주요 신:** 켄티 케티

⓰

- **뜻:** 물고기
- **읽는 법:** 하트·메히트
- **주요 신:** 바네브제데트

⓱

- **뜻:** 호루스의 왕좌
- **읽는 법:** 세마·베헤데트
- **주요 신:** 호루스

⓲

- **뜻:** 남쪽 왕자
- **읽는 법:** 이메티·켄티
- **주요 신:** 바스테트

⓳

- **뜻:** 북쪽 왕자
- **읽는 법:** 이메트·페푸
- **주요 신:** 아멘·라

⓴

- **뜻:** 솝두 (신)
- **읽는 법:** 세페두
- **주요 신:** 솝두

시대 구분	왕조	수도	주요 파라오	연대	사건
선왕조 시대 (기원전 4500~ 기원전 3000년경)				기원전 4500년경	파이윰 A 문화 탄생
				기원전 4000년경	바다리 문화 탄생
				기원전 3500년경	나카다 문화 탄생
초기왕조 시대 (기원전 3000~ 기원전 2680년경)	0	멤피스	나르메르		나르메르가 상하 이집트를 통일했다.
	1		아하		
			덴		덴의 시대부터 상하 이집트라는 칭호가 사용되었다.
			아네지브		
			세메르케트		세메르케트가 시나이반도에서 구리 광산을 개발했다.
	2		페리브센		왕명을 새겨넣는 사각형의 틀 세레크에 호루스 대신 세트 신이 그려졌다.
			카세켐위		호루스 신을 섬기는 세력과 세트 신을 섬기는 세력 사이의 갈등이 조정되었다.
고왕국 시대 (기원전 2680~ 기원전 2145년경)	3	멤피스	네체리케트 (조세르)	기원전 2680년경	네체리케트가 사카라에 계단 피라미드를 지었다.
			세켐케트		세켐케트가 계단 피라미드를 지을 계획을 세우지만 미완성으로 막을 내렸다.
			후니		
	4		스네프루	기원전 2600년경	스네프루가 다슈르에 피라미드를 2기 건설. 레바논에서 삼목재를 수입했다.
			쿠푸	기원전 2550년경	쿠푸가 기자에 대피라미드를 건설. 거대 피라미드 건설의 절정기를 맞이했다.
			제데프레		

왕조 성립 이전의 이집트

나일강 유역에는 수십만 년 전부터 사람들이 살기 시작해 수렵 사회를 이루었다고 한다. 그 후 왕조 성립의 초석이 되는 문화는 선왕조 시대에 등장했다. 기원전 4500년경에는 나일의 북쪽인 하 이집트에서 농경이나 목축을 했던 파이윰 A 문화가 생겨났다. 남쪽의 상 이집트에서는 파이윰 A 문화와 마찬가지로 농경과 목축을 했던 바다리 문화가 탄생했다. 바다리 문화에서 나카다 문화가 발전했는데, 농경과 목축에 중점을 두었으며 지배자층이 생겨나면서 사회가 계층화되었다. 이는 뒤에 등장하는 왕조 시대의 기초가 되었다.

시대 구분	왕조	수도	주요 파라오	연대	사건
고왕국 시대 (기원전 2680~ 기원전 2145년경)	4	멤피스	카프레		카프레가 기자에 제2 피라미드를 건설했다.
			멘카우레		멘카우레가 기자에 제3 피라미드를 건설. 왕권이 약해졌다.
			셉세스카프		셉세스카프가 사카라에 마스타바 형식으로 왕의 무덤을 만들었다.
	5		우세르카프	기원전 2480년경	태양신 라가 중요시되어 태양신전이 만들어졌다.
			사후레		사후레가 아부시르에 피라미드를 지었다.
			니우세르레		
			우나스	기원전 2340년경	우나스의 피라미드에 피라미드 텍스트가 새겨졌다.
	6		테티		
			페피 1세	기원전 2300년경	페피 1세가 시나이반도 등에서 광산을 개발했다.
			페피 2세	기원전 2230년경	페피 2세가 여섯 살 때 즉위하여 60년에 걸쳐 장기 정권을 이루다 말년에는 왕권이 쇠퇴했다.
	7·8			기원전 2200년경	왕권이 쇠하면서 각지에서는 지방 호족이 대두했다. 국토가 혼란에 빠졌다.
제1중간기 (기원전 2145~ 기원전 2025년경)	9·10			기원전 2100년경	제9~10왕조와 제11왕조가 대립했다. 제10왕조와 제11왕조가 항쟁을 되풀이했다
	11	테베	멘투호테프 2세	기원전 2025년경	멘투호테프 2세가 제10왕조를 멸하고 이집트를 재통일했다.
중왕국 시대 (기원전 2025~ 기원전 1794년경)			멘투호테프 3세	기원전 1990년경	멘투호테프 3세가 푼트로 원정대를 파견했다.
	12	잇타위 엘 리슈트	아메넴헤트 1세	기원전 1980년경	아메넴헤트가 쿠데타를 일으켜 제12왕조를 세웠다.
			센우스레트 1세	기원전 1950년경	센우스레트 1가 누비아에 요새를 쌓고 원정을 나갔다.
			센우스레트 3세	기원전 1860년경	센우스레트 3세가 누비아와 시리아-팔레스타인 지방으로 군사 원정을 나갔다.
			아메넴헤트 3세	기원전 1830년경	아메넴헤트 3세가 파이윰·지방을 개간했다.

중왕국 시대의 성립

고왕국 시대 말기에 왕권이 쇠퇴하자 혼란에 휩싸인 채로 제1중간기를 맞이했다. 왕권이 실추된 후, 각지의 호족들이 힘을 키워나가던 중에 특히 세력을 넓힌 것은 북쪽 헤라클레오폴리스와 남쪽 테베의 군주였다. 헤라클레오폴리스의 군주는 제9왕조로, 테베의 군주는 제11왕조로 여겨진다. 남북은 끊임없이 대립했다. 그러다 남북을 통일하고 중왕국 시대를 연 사람이 바로 테베의 군주인 멘투호테프 2세였다.

시대 구분	왕조	수도	주요 파라오	연대	사건
제2중간기 (기원전 1794~ 기원전 1550년경)	13 ~ 14		소베크호테프 3세		왕권이 약해지고 중왕국 시대가 막을 내렸다. 아시아 지역에서 힉소스가 이집트에 침입했다.
			네페르호테프 1세		
	15 ~ 16	아바리스 (15왕조)	아포피스	기원전 1650년경	힉소스가 하 이집트를 지배해 왕조를 세웠다.
	17	테베			테베의 호족이 17왕조를 세웠다. 힉소스에 대항하는 세력이 되었다.
			세케렌레 타오 2세	기원전 1555년경	세켄엔레 타오 2세가 힉소스와 전쟁을 일으켰다. 그의 아들 카모세 대까지 이어져 계속 싸웠다.
신왕국 시대 (기원전 1550~ 기원전 1070년경)	18	테베	아흐모세	기원전 1550년경	아흐모세가 18왕조를 세우고 힉소스를 이집트에서 추방했다.
			아멘호테프 1세		
			투트모세 1세	기원전 1500년경	투트모세 1세는 아시아에 군사 원정을 나갔다. 처음으로 유프라테스의 북쪽 해안에 이르렀다.
			투트모세 2세		
			하트셉수트	기원전 1470년경	하트셉수트가 투트모세 3세 대신 나라를 다스렸지만, 나중에 스스로 왕이 되어 푼트와 교역을 하고 데이르 엘 바흐리에 장례신전을 건설했다.
			투트모세 3세	기원전 1450년경	투트모세 3세가 단독으로 왕위에 올라 아시아로 군사 원정을 나갔다. 이 시기에 이집트의 영토가 가장 넓어졌다.
			아멘호테프 2세		
			투트모세 4세		
			아멘호테프 3세	기원전 1370년경	번영의 절정기를 맞이했다. 아멘호테프 3세는 말카타 왕궁을 건설했다.
		아마르나	아케나텐	기원전 1350년경	아케나텐은 태양신 아텐을 유일신으로 섬기는 종교 개혁을 단행했다. 수도를 테베에서 텔 엘 아마르나로 옮겼다.
		멤피스	투탕카멘	기원전 1330년경	투탕카멘이 아텐 신앙에서 아멘 신앙으로 부흥했다.
			아이		
			호르엠헤브	기원전 1320년경	호르엠헤브는 즉위 후에 아마르나 시대의 흔적을 없애고 국내의 혼란을 진정시켰다.

힉소스의 시대

제12왕조가 되면서 아시아에 대한 거점이 되는 도시를 동삼각주에 건설하고, 그곳에 아시아인 용병들을 살게 했다. 제13왕조의 파라오 중 호테프이브레(Hotepibre, 세헤테프레로도 불림-옮긴이)는 자신을 아시아인의 아들로 기록하며 아시아계 용병의 자손이라는 사실을 나타냈다. 그들 스스로를 '힉소스(이국의 지배자)'라고 부르고 이집트에서 이민족을 지배했다. 이집트인의 세력인 제17왕조는 이렇게 힉소스의 지배 아래에서 점차 힘을 키워나갔다. 그리고 머지않아 힉소스와 충돌하여 왕권은 다시 이집트인에게 돌아갔다.

시대 구분	왕조	수도	주요 파라오	연대	사건
신왕국 시대 (기원전 1550~ 기원전 1070년경)	19	피람세스	람세스 1세	기원전 1290년경	장군 파람세스가 즉위하고 제19왕조가 일어났다.
			세티 1세		세티 1세는 각지의 신전을 부흥시키고 시리아 등으로 군사 원정을 활발하게 나갔다.
			람세스 2세	기원전 1250년경	람세스 2세는 시리아의 카데시에서 히타이트군과 싸웠다(카데시 대전). 그 후 강화조약을 체결하고 각지에 신전을 적극적으로 건설했다.
			메렌프타	기원전 1210년경	메렌프타는 리비아 방면에서 침입해온 해양 민족을 격퇴했다.
			세티 2세		
			투와스레트		세티 2세의 왕비 투와스레트가 여왕으로 즉위했다.
	20		람세스 3세	기원전 1170년경	람세스 3세는 다시 침입한 해양 민족을 완전히 격퇴했다.
				기원전 1150년경	람세스 3세는 데이르 엘 메디나의 장인들이 파업을 일으켰다.
			람세스 9세		도굴이 성행했다.
			람세스 11세		카르나크의 아멘 대사제가 실권을 장악했다.
제3중간기 (기원전 1069~ 기원전 664년경)	21	타니스	스멘데스	기원전 1070년경	하 이집트의 재상 스멘데스가 스스로 왕이라 칭하며 제21왕조를 세웠다. 상 이집트는 아멘 대사제의 손에 들어갔다.
			프수센네스 1세		타니스의 무덤에서 프수센네스 1세의 황금 가면이 발견되었다.
	22	부바스티스	셰숑크 1세		부바스티스의 리비아계 왕 셰숑크 1세가 제22왕조를 열었다. 예루살렘으로 군사 원정을 떠났다.
			오소르콘 2세		
	23 ~ 24			기원전 810년경	타니스 등 각지에서 왕조가 세워지고 제23·제24왕조가 열렸다. 제22왕조와 한때 공존했다.
	25	테베	피이	기원전 750년경	쿠시의 국왕 피이가 제25왕조를 열었다. 제23·제24왕조와 공존했다.
			샤바카	기원전 700년경	샤바카는 제24왕조를 무너뜨리고 이집트를 통일했다.
			타하르카	기원전 667년	아시리아가 이집트를 정복했다.

신왕국 시대의 멸망

람세스 3세 이후로 람세스 4~11세가 다스렸지만, 이집트에 사는 리비아인들의 반란 등으로 왕권이 약해졌다. 마지막 왕인 람세스 11세의 시대가 되면서 쇠퇴가 확실시되었다. 이때 서서히 실권을 잡았던 사람이 아멘 대사제인 헤리호르였는데, 그는 왕으로서 테베를 중심으로 상 이집트를 통치했다. 한편 하 이집트에서는 북쪽의 재상으로 후에 제21왕조를 연 스멘데스가 지배했다. 둘은 적대 관계에 있지는 않았지만, 그 후 제3중간기에 이집트의 분열이 이어지게 되었다.

시대 구분	왕조	수도	주요 파라오	연대	사건
말기왕조 시대 (기원전 664~기원전 332년경)	26	사이스	프삼티크 1세	기원전 664년	프삼티크 1세가 아시리아를 추방하고 제26왕조를 열었다.
			네카우 2세		
	27		캄비세스 2세	기원전 525년	아케메네스 왕조의 페르시아 왕 캄비세스 2세가 이집트를 지배했다.
			다리우스 1세	기원전 520년경	다리우스 1세는 홍해와 나일강을 잇는 운하를 완성했다.
			크세르크세스		
			아르타크세르크세스		
				기원전 430년	그리스의 역사학자 헤로도토스가 《역사》를 편찬했다.
	28~29		아미르타이오스	기원전 405년	아미르타이오스는 페르시아에서 독립하여 제28왕조를 열었다.
			아코리스	기원전 393년	아코리스는 그리스와 손잡고 페르시아의 침공을 막아냈다.
	30		넥타네보 1세	기원전 380년	넥타네보 1세는 제30왕조를 세웠다.
			넥타네보 2세	기원전 350년	넥타네보 2세는 페르시아 군을 격퇴하여 침입을 막았다.
	31		아르타크세르크세스 3세	기원전 343년	페르시아의 아르타크세르크세스 3세가 이집트를 정복하여 지배하에 두었다(제31왕조).
마케도니아 시대 (기원전 332~기원전 304년경)			알렉산드로스 대왕	기원전 332년	마케도니아 왕가의 알렉산드로스 대왕이 이집트를 정복했다.
				기원전 323년	알렉산드로스 대왕이 바빌론에서 병사했다.
프톨레마이오스 왕조 (기원전 304~기원전 30년경)		알렉산드리아	프톨레마이오스 1세	기원전 304년	알렉산드로스 대왕이 세상을 떠난 후, 장군 프톨레마이오스가 프톨레마이오스 1세로 즉위. 프톨레마이오스 왕조가 열렸다.
				기원전 280년경	사제 마네톤이 《이집트사》를 편찬했다.
			프톨레마이오스 5세		
			클레오파트라 7세	기원전 30년	클레오파트라 7세가 악티움 해전에서의 패배 이후 자살하고 이집트는 로마의 속주가 되었다.

말기왕조의 시작

제3중간기 말에 침입해온 아시리아인을 격퇴하고 말기왕조 시대를 연 사람은 프삼티크 1세였다. 제26왕조를 열었지만 페르시아의 침략을 받고 와해되어 페르시아의 속주가 되었다. 제28왕조 때 페르시아로부터 독립하지만, 제31왕조 때 다시 페르시아의 지배를 받았다. 그러나 페르시아의 지배도 길게 이어지지 못하고 알렉산드로스 대왕의 침입으로 이집트는 페르시아의 지배에서 해방되었다. 클레오파트라 7세 때 로마군과 대립하여 패배하면서 고대 이집트 왕조는 최후를 맞이했다.

1장

고대 이집트의 역대 주요 파라오들

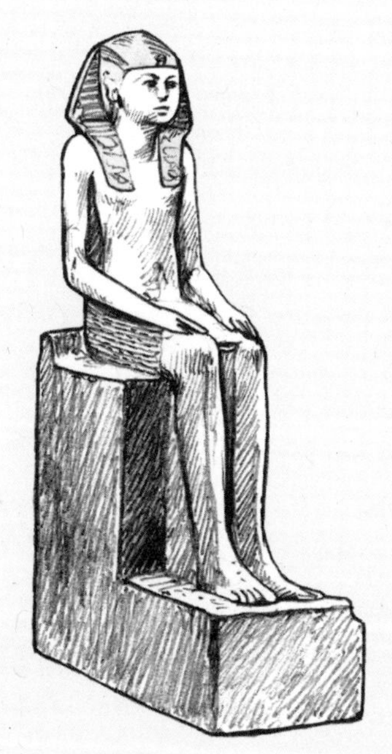

현세에서 우주의 질서(마아트)를 수행하는 자

파라오란?

파라오란 원래 고대 이집트어로 '큰 집', 다시 말해 '왕궁'을 뜻한다. 왕을 가리키는 말로 사용하게 된 것은 제19왕조쯤이라고 한다. 고대 이집트에서는 한 사람의 파라오가 이집트의 남과 북을 통일하여 왕국을 탄생시켰다. 파라오는 '완전한 신(네체르 네페르)'이라 불렸는데, 그야말로 지상에 살아 있는 신이었다. 마아트란 우주의 질서, 섭리, 법, 기, 정의 등을 뜻하는 말이다. 통치자인 파라오는 신이 정한 우주의 질서인 마아트를 신 대신 현실 사회에 전수하여 수행해야 했다. 왕은 전능한 신의 대행자로서 현실 세계에 마아트의 이념을 널리 퍼뜨리는 역할을 맡았던 것이다.

기원전 4세기에 알렉산드로스 대왕이 이집트를 페르시아로부터 해방시킬 때까지 31개의 왕조가 흥하고 쇠했으며, 200명 이상의 파라오가 존재했다.

파라오의 다섯 가지 왕호

왕호는 파라오의 권위를 상징한다. 통일 왕조가 성립하는 시점에서는 호루스명만 있지만, 중왕국 시대 이후에는 정식으로 5개의 왕호가 확정되었다.

호루스명
왕이 호루스 신의 화신이라는 사실을 나타내는 왕의 이름이다. 궁전의 정면 모습을 본뜬 세레크(왕의 이름을 넣은 틀-옮긴이)에 새겼다.

즉위명(상하 이집트 왕명)
상 이집트의 상징인 사초와 하 이집트의 상징인 꿀벌 뒤에 쓰인다. 출생명과 카르투쉬 안에 쓰이는 이름이다.

두 여신명(네브티명)
왕이 상 이집트의 여신 네크베트와 하 이집트의 여신 와제트에게 수호받는 존재라는 사실을 나타내는 왕의 이름이다.

출생명(태양신의 아들명)
태양신 라의 아들이 태어날 때 갖게 된 이름이다.

황금 호루스명
황금 위의 호루스. 왕권이 영원하다는 것을 표현한다고 하지만 자세한 내용은 알 수 없다.

역대 파라오의 이름을 기록한 아비도스의 왕명표

제19왕조 세티 1세가 세운 아비도스 신전에는 역대 왕의 이름들이 새겨져 있다. 왕이 선왕을 부르는 장면을 보면, 여기에 새겨진 이름들이 정통 왕으로서 인정되었다는 사실을 추측할 수 있다.

'메니'의 이름이 쓰인 카르투쉬

초대 메니(메네스)부터 세티 1세까지 왕 76명의 이름이 새겨져 있다.
세티 1세가 선왕을 부르고 있다.
세티 1세의 아들 람세스 2세.
3단에는 세티 1세의 출생명과 즉위명을 반복해서 기록하여 왕위의 정통성을 강조한다.
제18왕조의 파라오 하트셉수트, 아케나텐, 투탕카멘 등의 이름은 생략되어 있다.

주요 파라오의 왕관

파라오의 왕관에는 몇 가지 종류가 있다. 적관은 하 이집트의 왕관이고 백관은 상 이집트의 왕관인데, 이 둘을 합친 이중관(복합관)은 상하 이집트의 왕을 상징하는 왕관이다. 청관(케프레시)은 왕이 전투할 때 쓰던 투구로 추측된다.

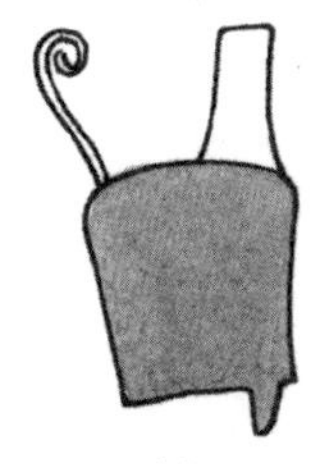
적관

백관

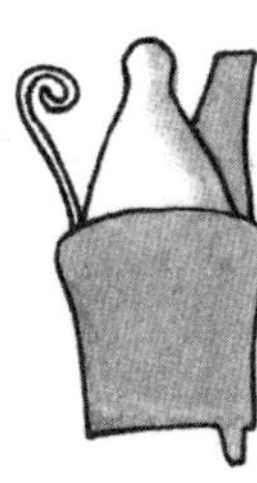
이중관

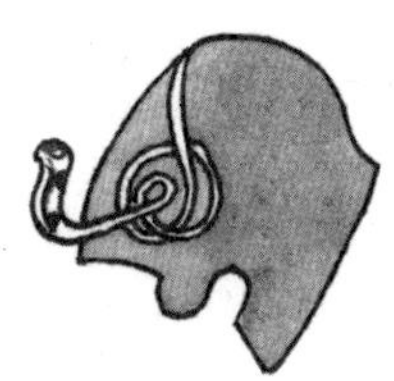
청관

나르메르는 메네스였나?

나르메르

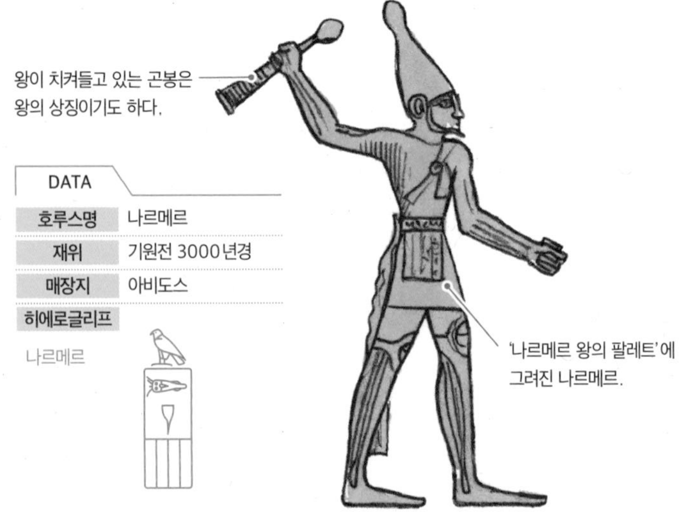

왕이 치켜들고 있는 곤봉은 왕의 상징이기도 하다.
'나르메르 왕의 팔레트'에 그려진 나르메르.

DATA

호루스명	나르메르
재위	기원전 3000년경
매장지	아비도스
히에로글리프	

나르메르

기원전 3000년경, 상하 이집트가 통일되면서 이집트 문명의 역사가 막을 열었다. 통일을 이룬 초대 왕은 누구인가? 사제 마네톤이 저술한 《이집트의 역사》(기원전 3세기 초)에는 제1왕조 초대 왕이 메네스(헤로도토스의 《역사》에서는 '민'이라 불린다)라고 기록되어 있다. 아비도스의 왕명표나 토리노 왕명 파피루스에 '메니'라는 이름이 있는 것으로 보아, 고대 이집트인들은 첫 왕을 메니(그리스어로 메네스)라고 한 것으로 추측된다.

메네스는 나르메르라는 설과 아하라는 설이 유력하다. 19세기에 '나르메르 왕의 팔레트'가 발견되면서 메네스를 나르메르라고 추측하게 되었다. 그러나 20세기 초에 발견된 상아로 만든 라벨에는 호루스명인 '아하'와 함께 두 여신 이름인 '멘(메니)'이 새겨져 있어 전설상의 메네스는 나르메르가 아니라 아하라는 설이 제기되었다. 원래는 나르메르가 메네스라는 설이 유력했으나, 최근 들어 제1왕조 초대 왕은 아하이며 나르메르는 제1왕조 직전인 제0왕조의 마지막 왕이라는 설이 힘을 얻게 되었다. '멘'은 고대 이집트어로 '확립하다'의 뜻으로, 2대인 아하 때쯤에 왕국의 기초가 확립되었기 때문에 이 이름이 남아 있다는 설도 있다.

북부 정복을 기념한 '나르메르 왕의 팔레트'

1898년에 히에라콘폴리스에서 발견된 나르메르의 봉납용 팔레트(화장판)이다. 팔레트란 눈화장용 안료인 공작석이나 방연석을 빻을 때 사용하는 석판인데, 이 팔레트는 높이가 64cm나 돼서 실용 목적이 아니라 왕의 업적을 기록하여 신전에 봉납하기 위한 용도로 만들어진 것으로 보인다.

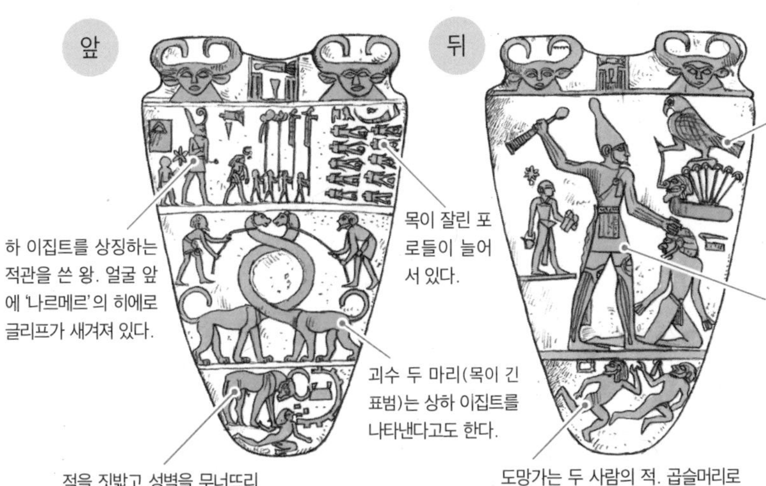

앞
뒤
왕의 화신인 매의 모습을 한 호루스 신이 습지에서 갈고리를 이용해 6000명의 적을 공격하는 모습을 표현했다.
하 이집트를 상징하는 적관을 쓴 왕. 얼굴 앞에 '나르메르'의 히에로글리프가 새겨져 있다.
목이 잘린 포로들이 늘어서 있다.
상 이집트 왕을 상징하는 백관을 쓰고 왕으로서 수염을 붙이고 허리에는 소의 꼬리를 늘어뜨린 채 곤봉으로 적을 내리치는 모습이다.
괴수 두 마리(목이 긴 표범)는 상하 이집트를 나타낸다고도 한다.
적을 짓밟고 성벽을 무너뜨리는 수소는 왕의 화신으로서 왕의 절대 힘을 나타낸다.
도망가는 두 사람의 적. 곱슬머리로 외국인을 표현했다는 말도 있다.

왕명표에 남은 메니의 이름

세티 1세의 아비도스 왕명표(21쪽)를 비롯해 각지의 왕명표나 왕명 파피루스에는 '메니'라는 이름이 등장한다. 이 사실로 보아 고대 이집트인들은 초대 왕이 메니(메네스)라고 인식했음을 알 수 있다.

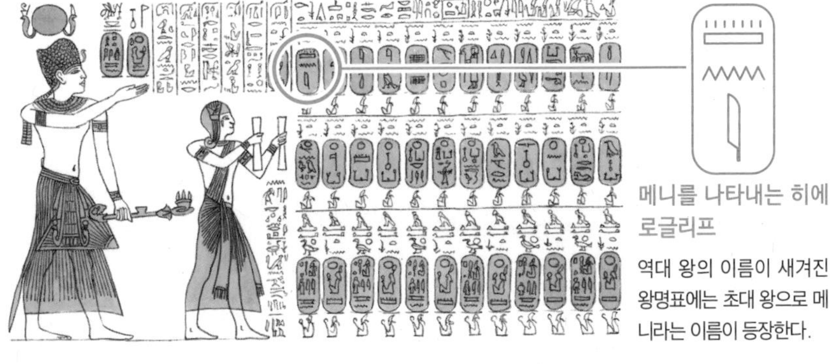

메니를 나타내는 히에로글리프

역대 왕의 이름이 새겨진 왕명표에는 초대 왕으로 메니라는 이름이 등장한다.

고왕국 시대

제3왕조

최초로 피라미드를 쌓은 왕

네체리케트(조세르)

눈 부분은 수정과 흑요석으로 상감(소재를 채워 넣는 세공 방법)되어 있는데 지금은 빠져 있다.

끝부분이 뾰족한 독특한 두건을 가발 위에 두르고 있다.

DATA

호루스명	네체리케트
즉위명	네체리케트
재위	기원전 2665~ 기원전 2645년경
매장지	사카라
히에로글리프	

네체리케트

이 조각상은 계단 피라미드에서 발견되었으며 사람 크기만 한 왕의 조각상 중에서는 가장 오래되었다.

초기왕조 시대의 제2왕조 후반, 왕명을 새기는 틀(세레크)의 위쪽에 호루스 신이 아닌 세트 신을 모시는 페리브센이 등장했다. 그 후에 세레크 위쪽에 호루스 신과 세트 신을 모두 얹어서 호루스와 세트를 둘 다 가지는 제2왕조의 마지막 왕 카세켐위가 나타났다. 이는 호루스 신과 적대 관계인 세트 신을 신봉하는 세력과 호루스 신을 신봉하는 자들이 한때는 대립했지만 나중에 화해했다는 사실을 나타낸다.

카세켐위의 아들 중 한 명은 조세르(신성하다는 뜻)라는 이름으로 알려진 제3왕조 2대 왕 네체리케트이다. 네체리케트가 사카라에 쌓은 '계단 피라미드'는 이집트에서 가장 오래된 피라미드이자 가장 오래된 석조 건축물이 되었다. 그 당시에 이 계단 피라미드는 높이가 8m인 마스타바였다. 그 후 설계를 변경하고 계속 증축하여 높이가 63m인 6단 계단 피라미드를 완성했다. 이는 수도 멤피스에서 보이는 높이로 만들어 왕의 위엄을 높이고자 하는 의도가 있었다는 설도 있다. 게다가 계단 피라미드는 북쪽을 향하는 거대 건축물로, 북쪽 하늘의 주극성에게 왕의 영원한 생명을 염원한 것이었다.

세드 축제(왕위갱신제) 의식에서 주행하는 네체리케트의 부조

계단 피라미드 복합체 안의 지하 통로에 있는 가짜 문(false door)의 부조. 세드 축제란 왕이 즉위한 후 30년이 되었을 때 거행되는 왕위갱신제(두 번째부터는 3년마다 실시)로, 신들이나 민중 앞에서 왕의 회춘과 영생을 나타내는 의식이 치러졌다.

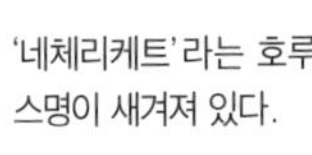
'네체리케트'라는 호루스명이 새겨져 있다.

경주로의 반환 지점에 놓인 돌. 세 쌍의 돌이 그려져 있는데 이는 경주로를 세 바퀴 돈다는 것을 나타낸다. 실제로는 달리지 않았다.

왕에 어울리는 체력과 생명력이 드러나도록 의식을 행하는 네체리케트 왕의 모습. 생명력을 강조하기 위해 왕의 몸이 젊게 그려졌다. 경주로를 달리는 포즈를 취하고 있다.

'조세르'가 아닌 '네체리케트'로 표기

네체리케트 / 두 여신 이름 (네브티 이름) / 즉위명

'조세르'는 '신성한'이라는 뜻으로 왕이 사망한 후 천 년 이상이 지나 쓰이게 된 왕명이다. 호루스명인 '네체르케트'는 즉위명, 두 여신 이름, 황금 호루스명으로도 사용되고 있다.

피라미드 건설의 공로자, 재상 임호테프

계단 피라미드 건설의 책임자로 제3왕조의 재상이다. 말기왕조 시대에는 신격화되어 받들어졌으며 의술의 신 아스클레피오스와 동일시되었다.

무릎 위에 파피루스 두루마리를 펼친 임호테프 조각상.

고왕국 시대

제4왕조

일반형 피라미드에 도전한 왕

스네프루

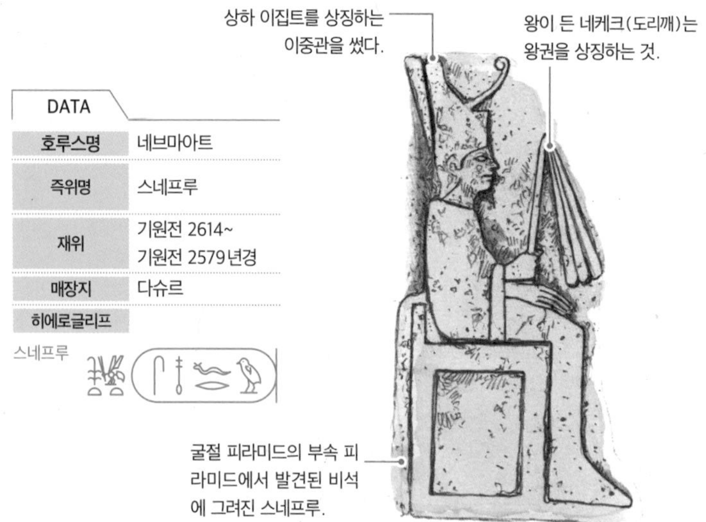

상하 이집트를 상징하는 이중관을 썼다.
왕이 든 네케크(도리깨)는 왕권을 상징하는 것.
굴절 피라미드의 부속 피라미드에서 발견된 비석에 그려진 스네프루.

DATA

호루스명	네브마아트
즉위명	스네프루
재위	기원전 2614~ 기원전 2579년경
매장지	다슈르
히에로글리프	

스네프루

거대 피라미드를 건설하는 데 제4왕조 초대 왕인 스네프루가 중요한 역할을 했다. 왕은 제3왕조의 파라오 후니의 딸인 헤테프헤레스 1세와 결혼하여 왕권을 강화했다. 스네프루는 24년의 치세 기간 중에 '무너진 피라미드', '굴절 피라미드', '붉은 피라미드'라는 3기의 거대 피라미드를 건설했다. 메이둠의 '무너진 피라미드'는 원래 후니 치하에서 건설이 시작되었고 스네프루가 이어받아 일반형 피라미드로 완성한 것으로 알려져 있었는데, 최근 연구에서는 '무너진 피라미드'도 처음부터 스네프루가 건설했다고 밝혀졌다. 그 후 스네프루는 다슈르의 땅에 '굴절 피라미드'와 '붉은 피라미드'라는 2기의 거대 피라미드를 연이어 건설했다.

스네프루가 단면이 이등변삼각형인 사각뿔 모양의 일반형 피라미드를 건설한 이유는 태양신앙과 관련되어 있는데, 이 일반형 피라미드는 내리쬐는 태양광선의 모양을 의식한 것이다. 또한 아들인 라호테프 왕자가 태양신앙의 중심지 헬리오폴리스(고대 이름 이우누)의 대사제라는 칭호를 갖고 있었다는 사실에서도 왕가와 태양신앙의 관계가 밀접했다는 것을 미루어 짐작할 수 있다.

계단 피라미드에서 일반형 피라미드로

스네프루는 24년간 재위하는 중에 메이둠의 '무너진 피라미드', 다슈르의 '굴절 피라미드', '붉은 피라미드'라는 3기의 거대 피라미드를 건설했다.

무너진 피라미드
현재는 표면의 화장돌이 무너져 있지만, 한때는 아름다운 모습을 자랑했다고 한다.

굴절 피라미드
급경사로 석재를 쌓아올린 피라미드의 네 모서리는 너무 무거워서 무너졌다.

붉은 피라미드
사용한 석회암 마룻돌이 붉다고 해서 '붉은 피라미드'로 불린다.

관료나 귀족의 무덤도 내부 장식이나 조각상으로 화려하게

스네프루가 즉위한 제4왕조 시대에는 왕과 왕족 등 일부 사람들이 국가를 지배하고 있어서 재상 등의 자리는 왕족들이 독차지하고 있었다. 왕의 피라미드 주위에는 이러한 왕족의 대형 마스타바가 지어져 있다. 무덤 내부에는 벽화 같은 장식이나 망자의 조각상이 세워져 있다.

1871년에 메이둠의 무너진 피라미드 북쪽에 있는 마스타바에서 A. 마리에트가 발견한 라호테프 조각상. 스네프루의 아들이자 헬리오폴리스의 태양신 라 대사제였다.

라호테프는 '태양신 라가 만족하다'라는 뜻이다. 피부가 갈색으로 칠해져 있다.

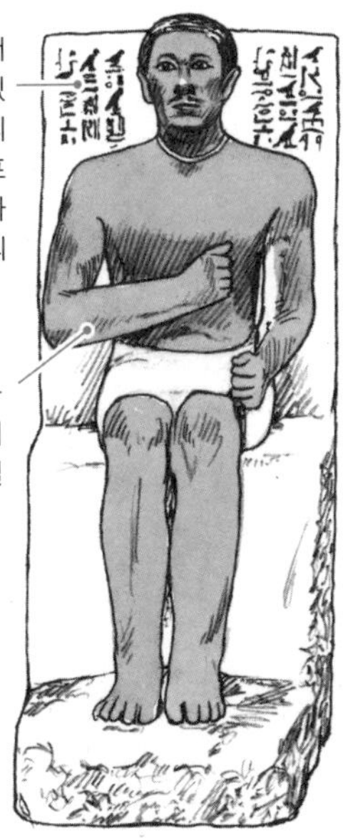

아내인 네페르트는 하얀 가운과 가발, 나비를 디자인한 머리띠를 착용했다.

네페르트라는 이름은 '아름다운 여성'을 뜻하며 여성의 피부는 크림색으로 칠해졌다. 카이로 이집트 박물관에 소장되어 있다.

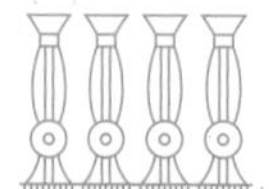

고왕국 시대

제4왕조

이집트 최대의 피라미드를 쌓아 올린 왕

쿠푸

DATA

호루스명	메제드
즉위명	쿠푸
재위	기원전 2579~ 기원전 2556년경
매장지	기자
히에로글리프	

쿠푸

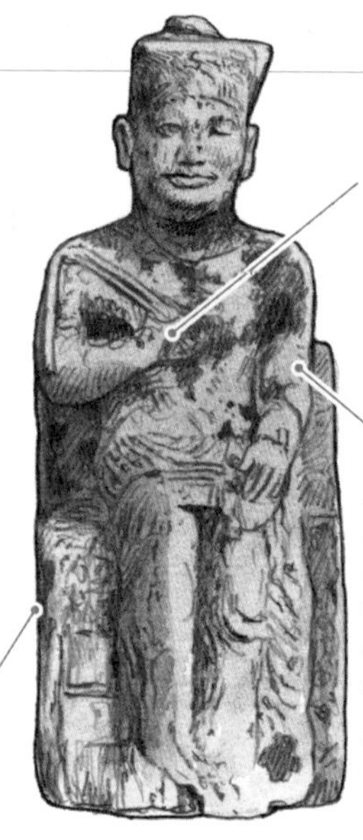

손에는 네케크(도리깨)를 들고 있다.

고작 7.5cm 상아로 만든 쿠푸 조각상. 기자에서 멀리 떨어진 아비도스에서 발굴되었다. 후세에 만들어진 것으로 추측된다. 저명한 왕이지만 현존하는 조각상은 매우 적다.

왕좌 옆쪽에서 쿠푸의 호루스명을 간신히 확인할 수 있다.

스네프루로 시작하는 제4왕조는 거대한 피라미드가 연달아 지어진 시대이지만, 피라미드의 규모로 왕권의 강함과 약함을 따지는 것이 반드시 옳다고 볼 수는 없다. 제4왕조 전반기는 거대 피라미드가 필요했던 시대였다. 스네프루, 쿠푸, 카프레 시대의 피라미드는 이 세상의 신인 파라오가 거대한 피라미드를 건설함으로써 태양신의 위대함과 함께 왕의 권위를 상징하기 위한 기념 건축물이었다. 거기에 참가한 백성 역시 자신들의 태양신앙을 증명하기 위해 자진해서 노동으로 봉사함으로써 커다란 돌을 쌓아올리는 일에 땀을 쏟았다. 완성된 거대 피라미드는 눈부시게 빛나며 태양신과 파라오의 모습을 지상에 구체적으로 드러냈다. 1987년, 와세다대학교의 조사로, 대피라미드 남쪽에 매설되어 있던 제1태양선 서쪽에서 제2태양선 구덩이가 확인되었다. 현재도 NPO 법인 태양의 배 복원 연구소에서 구덩이 내부에 있는 배의 부자재를 회수하고 보존하는 복원 작업이 이루어지고 있어 쿠푸는 일본의 연구자와도 깊은 연관이 있다.

유명한 왕이지만 동시대의 조각상은 발견되지 않았다. 후세에 만들어진 조각상은 몇 개 있지만, 훌륭한 조각상이 남아 있는 카프레나 멘카우레에 비해 아직 베일에 싸여있는 파라오이다.

기자의 3대 피라미드

기자의 3대 피라미드. 중앙에 있는 카프레의 제2피라미드가 대피라미드보다 더 크게 보이는 이유는 더 높은 곳에 지어졌기 때문이다(대피라미드는 처음에 146.59m 높이로 지어졌지만 현재 138.5m로 남아 있고, 카프레의 피라미드는 143.5m로 지어졌지만 현재 136.4m의 높이이다-감수자).

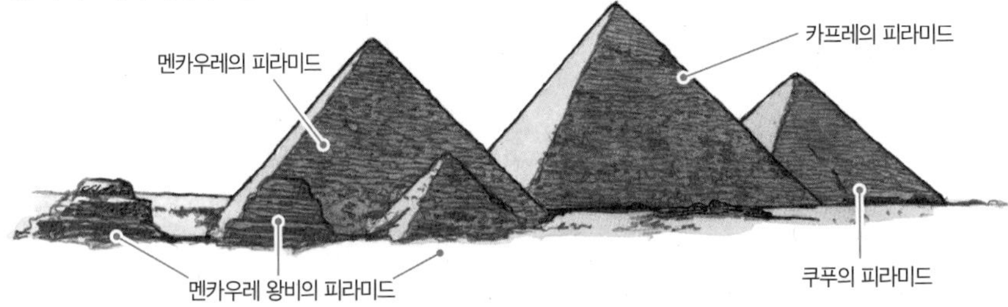

피라미드 시대를 쌓은 제4왕조의 계보

제4왕조의 초대 스네프루는 제3왕조 후니의 왕녀 헤테프헤레스 1세와 혼인관계를 가지면서 왕권을 확립했다. 스네프루의 아들이자 후계자인 쿠푸는 기자의 땅 위에 대피라미드를 지었다. 카프레, 멘카우레라는 세 명의 왕이 3대 피라미드를 지은 것이다.

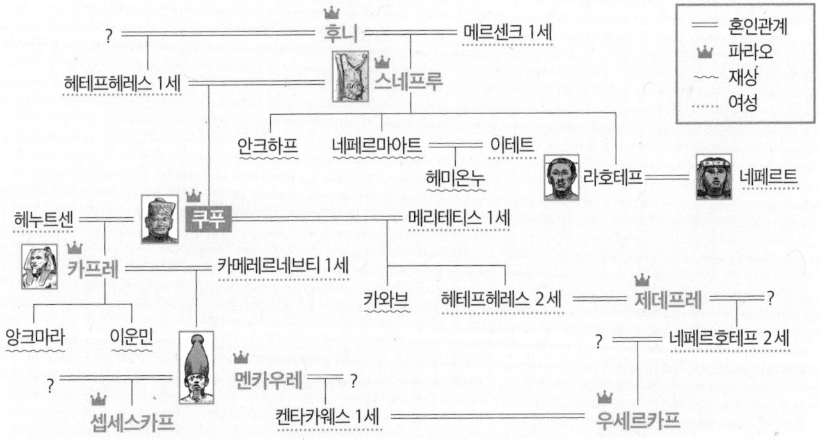

가장 오래된 파피루스에 쿠푸의 이름이 있다

2013년, 홍해 연안의 와디 알 자르프에서 프랑스의 피에르 타레 고고학 팀이 발견한 천 개 이상의 파피루스 조각들은 제4왕조의 쿠푸가 다스리던 시대를 기록한 것으로 현존하는 가장 오래된 이집트의 파피루스 문서 중 하나이다. 쿠푸의 대피라미드 건설을 위해 물자 조달을 하던 메레르(Merer)라는 관료의 기록이다.

쿠푸의 이름

고왕국 시대

제4왕조

기자의 제2피라미드를 건설한 왕

카프레

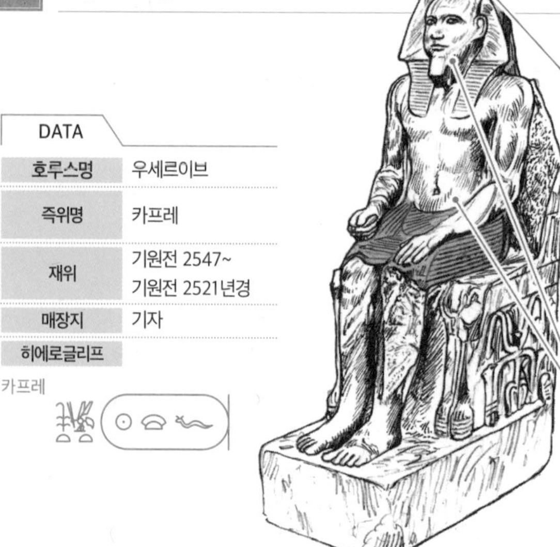

네메스 두건의 뒤에는 매의 형상을 한 호루스 신이 머물러 있다(31쪽).
늠름한 표정과 듬직한 육체 등 이상적인 모습으로 그려져 절대적 권력을 가진 신왕(神王)을 나타낸다.

DATA

호루스명	우세르이브
즉위명	카프레
재위	기원전 2547~ 기원전 2521년경
매장지	기자
히에로글리프	

카프레

피라미드 시대의 절정기에 해당하는 지배자가 바로 카프레이다. 쿠푸의 후계자인 제데프레는 쿠푸를 매장하는 작업에 관여했다. 이유는 확실치 않지만 그의 피라미드는 기자가 아니라 북쪽으로 올라가 아부 라와시에 지어졌는데, 카프레는 다시 기자에 제2피라미드를 건설했다. 쿠푸의 대피라미드에 필적하는 규모로 스네프루, 쿠푸와 함께 거대 피라미드를 건설한 왕으로 어깨를 나란히 한다. 제2피라미드의 하안(河岸) 신전은 거대한 화강암 패널을 사용해서 아름다우며 넓은 집회장의 바닥 흔적으로 보아 그 옛날에는 23개의 왕좌상이 설치되어 있었다고 추정된다. 그러나 현재까지 섬록암, 화강암, 석회암, 앨러배스터(설화석고) 등 재질이 다른 여섯 개의 조각상만이 발견되었다. 섬록암으로 만들어진 유명한 카프레의 좌상은 1860년에 A. 마리에트의 조사로 발견되었다. 섬록암의 원산지는 이집트 남쪽의 누비아로 보이는데, 먼 곳까지 채석을 하러 갔다는 증거이다. 섬록암은 철제 공구가 없었던 당시에는 가공이 어려운 단단한 석재였다.

하안 신전 부근에 있는 대스핑크스는 고대 이집트에서 가장 크고 가장 오래된 스핑크스상으로 태양이 솟아오르는 동쪽을 향한 모습에서 태양신인 하르마키스(호르 엠 아케트-케프리-라-아툼 신)로 여겨졌다.

호루스의 가호를 나타내 신왕(神王)을 강조

카프레의 하안 신전 집회장에 안치되어 있던 왕의 좌상 23개 중 하나. 1860년에 A. 마리에트가 발견했다. 단단한 섬록암으로 제작되었으며 철제 공구가 없던 시대에 석조 기술 수준이 얼마나 높았는지 보여준다. 당당하고 숭고한 왕의 모습을 훌륭하게 표현했다. 카이로 이집트 박물관 소장.

매의 머리와 인간의 몸으로 나타낸 호루스 신.

호루스 신을 나타내는 날개 펼친 매가 왕의 후두부를 수호하고 있다. 왕의 화신인 호루스 신은 왕 자체를 표현한다. 왕의 위엄을 훌륭하게 그렸다. 카프레의 좌상은 여러 가지 형태가 있는데, 왕을 수호하는 호루스의 모습도 다양하다.

태양신을 나타내는 대스핑크스

높이 20m, 전체 길이 73.5m의 대스핑크스는 피라미드의 채석장이었던 작은 산을 다듬어서 만들어졌다. 태양신 호르 엠 아케트-케프리-라-아툼으로 여겨지며 앞으로 내민 양쪽 다리에는 제18왕조 투트모세 4세의 '꿈의 비문'이 있다.

대스핑크스의 생김새와 카프레의 생김새는 매우 다르다. 카프레의 제2피라미드가 세워지기 전부터 대스핑크스가 존재했다는 설도 있다.

현재는 목 부근의 부식이 심하다. 예전에 달려 있던 턱수염은 영국 박물관이 소장하고 있어서 이집트가 반환을 요구하고 있다.

고왕국 시대

제4왕조

3대 피라미드를 쌓은 마지막 왕

멘카우레

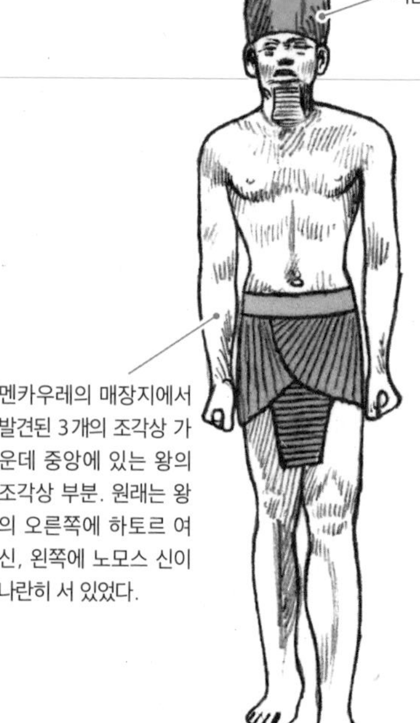

멘카우레의 매장지에서 발견된 3개의 조각상 가운데 중앙에 있는 왕의 조각상 부분. 원래는 왕의 오른쪽에 하토르 여신, 왼쪽에 노모스 신이 나란히 서 있었다.

DATA

호루스명	카케트
즉위명	멘카우레
재위	기원전 2514~ 기원전 2486년경
매장지	기자
히에로글리프	

멘카우레

기자의 3대 피라미드 가운데 마지막으로 건설된 제3피라미드는 멘카우레가 지었다. 규모는 대피라미드나 제2피라미드와 비교하면 10분의 1 정도밖에 되지 않는다. 제3피라미드의 규모는 작지만 이 피라미드를 건설함으로써 피라미드 세 개의 남동쪽 모서리가 직선상에 위치하고, 북동쪽 방향으로 연장하면 헬리오폴리스를 가리키게 되었다. 그러니까 태양신앙을 상징하는 건축물로서 세 개 피라미드의 배치를 완성시킨 것이다.

미국의 하버드-보스턴 합동 조사팀이 제3피라미드의 장례신전에서 멘카우레의 조각상을 발견했다. 왕과 하토르 여신, 그리고 노모스가 의인화된 바트 여신이 함께 있는 삼존상이었는데, 총 여덟 개가 발굴되었으며 네 개는 카이로 이집트 박물관에 있고 나머지 네 개는 보스턴 미술관에서 분할 보관하고 있다. 위엄이 넘치는 카프레의 조각상과 비교해서 신왕으로서의 권력이 약해졌음을 나타낸다.

멘카우레의 피라미드 내부에서는 왕명을 새긴 나무 관이 발견되었다. 현재 영국 박물관에 보관되어 있는 이 나무 관은 왕이 죽고 2000년 정도 지난 제26왕조 시대에 멘카우레를 위해 만들어진 것이다.

작은 규모의 멘카우레 피라미드

네체리케트의 계단 피라미드에서 시작하는 피라미드의 역사 가운데 제4왕조 전반에는 거대 피라미드가 연달아 지어졌는데, 멘카우레의 제3피라미드는 이전 것에 비해 규모가 매우 작다.

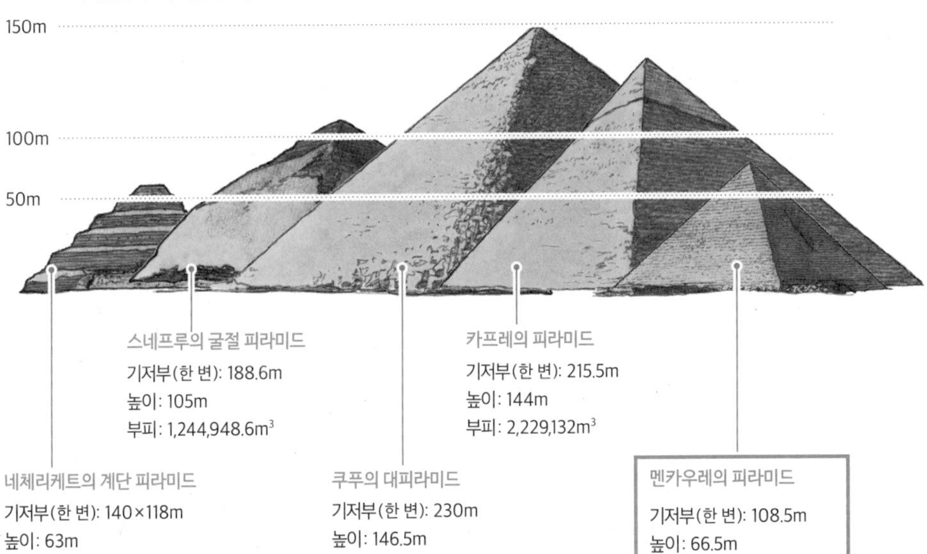

파라오의 조각상에 나타난 표현 방법의 변화

멘카우레의 단독 좌상도 여러 개 존재하지만, 카프레의 좌상만큼 위엄이 넘치지 않는다. 오른쪽과 같이 왕비나 신과 나란히 서 있는 것으로 표현되었으며 인간미가 넘친다.

카프레 조각상

강력한 왕권을 상징하는 신왕으로서의 조각상이다. 카프레 조각상의 앞쪽을 응시하는 당당한 모습은 고독하고 숭고한 파라오를 표현한다.

멘카우레의 왕비 카메레르네브티 2세

왕비의 왼쪽 팔은 왕의 왼쪽 팔에 놓여 있으며 오른쪽 팔은 왕의 몸을 두르고 있다. 매우 사이가 좋아 보이는 모습이다.

왕의 장례신전에서 발견된 왕과 왕비의 조각상. 조각상이 매끈하게 마무리되어 있지 않고 대좌의 비문 등도 미완성이다. 완성되지는 않았지만 이상적인 육체와 생김새를 지닌 왕으로 표현되어 있다.

신왕국 시대

제18왕조

제18왕조가 번영하도록 기초를 쌓은 여왕

하트셉수트

DATA

호루스명	우세레트카우
즉위명	마아트카라
탄생명	하트셉수트
재위	기원전 1479~ 기원전 1458년경
매장지	왕가의 계곡·KV 20
히에로글리프	

마아트카라

하트셉수트

부드러운 인상에 신체 표현도 여성다운 부분이 강조되었다.

이 조각상은 하트셉수트 장례신전의 채석장에서 발견되었다. 채석장에 있었던 이유는 투트모세 3세 시대에 버려졌기 때문이라고 한다.

고왕국(제3~8왕조)이 멸망한 후 제1중간기를 거쳐 기원전 2020년경에 제11왕조 멘투호테프 2세가 이집트를 재통일하고 테베를 수도로 중왕국 시대를 열었다. 기원전 1800년경에 왕권은 급속히 쇠퇴하고 소베크네페루 여왕을 마지막으로 제12왕조는 멸망했다. 이어서 제2중간기는 아시아계 지배자인 '힉소스(이국의 지배자라는 뜻)'의 시대였다. 제18왕조는 힉소스를 추방하고 시리아-팔레스타인 지방으로 군사 원정을 떠났다. 투트모세 2세가 사망한 후 투트모세 3세(40쪽)가 어린 나이에 즉위하자 투트모세 2세의 왕비 하트셉수트는 섭정을 하게 되어 정치의 실권을 잡았다.

힉소스와의 분쟁 시대가 끝나고 고대 이집트에서도 손에 꼽힐 정도로 영화를 자랑하던 제18왕조의 기초를 다진 사람이 바로 하트셉수트였다. 여왕으로서 내정 개혁에 전념하여 상하 이집트에 각각 재상을 두는 제도를 도입했다. 또한 오페트 축제와 계곡 축제를 성대하게 거행했다. 여왕은 데이르 엘 바흐리에 웅장하고 화려한 장례신전, 왕가의 계곡에 있는 왕의 무덤, 카르나크 아멘 대신전의 거대 오벨리스크 등을 건설하고 푼트 원정을 떠나는 등 많은 사업을 펼쳤다. 이러한 정치 시스템 정비가 훗날 번영으로 이어졌다.

투트모세 3세와 공동 통치

제18왕조의 왕 이름에는 아멘호테프와 투트모세라는 이름이 주를 이룬다. 아멘은 테베의 수호신인 아멘 신에서, 그리고 투트는 달의 신인 토트 신에서 유래했다. 제18왕조에는 투트모세라는 이름의 왕이 4명이나 존재했다는 점에서 제18왕조를 제19·20왕조와 대비해서 '투트모세 왕조'라고 부르기도 한다. 하트셉수트는 투트모세 1세와 왕비 아흐모세 사이의 왕녀이며 투트모세 2세의 정비였다.

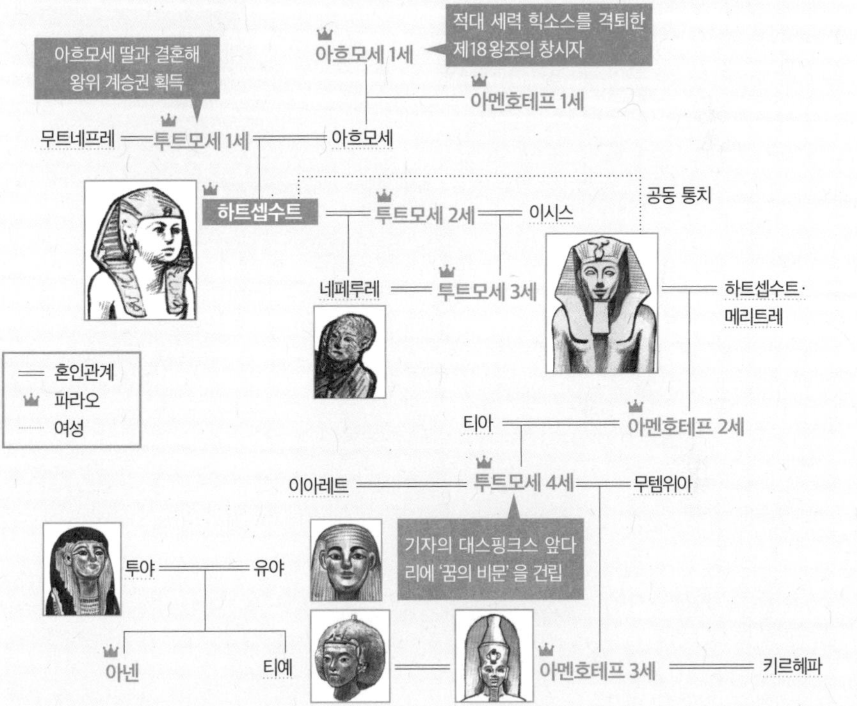

아흐모세 1세

적대 세력 힉소스를 격퇴한 제18 왕조의 창시자

아멘호테프 1세

아흐모세 딸과 결혼해 왕위 계승권 획득

무트네프레 — 투트모세 1세 — 아흐모세

하트셉수트 — 투트모세 2세 — 이시스

공동 통치

네페루레 — 투트모세 3세 — 하트셉수트·메리트레

혼인관계

파라오

여성

티아 — 아멘호테프 2세

이아레트 — 투트모세 4세 — 무템위아

기자의 대스핑크스 앞다리에 '꿈의 비문'을 건립

투야 — 유야

아넨

티예

아멘호테프 3세 — 키르헤파

남성적으로 표현된 하트셉수트 여왕

네메스 두건과 턱수염을 붙인 왕의 모습으로 표현된 하트셉수트 여왕의 스핑크스 조각상.

하트셉수트의 스핑크스 조각상

하트셉수트는 파라오로서의 스핑크스 조각상을 몇 개 만들게 했다. 파라오는 반드시 남성이어야 한다고 정해져 있었기 때문에 여왕은 남성의 복장을 한 모습으로 표현되었다.

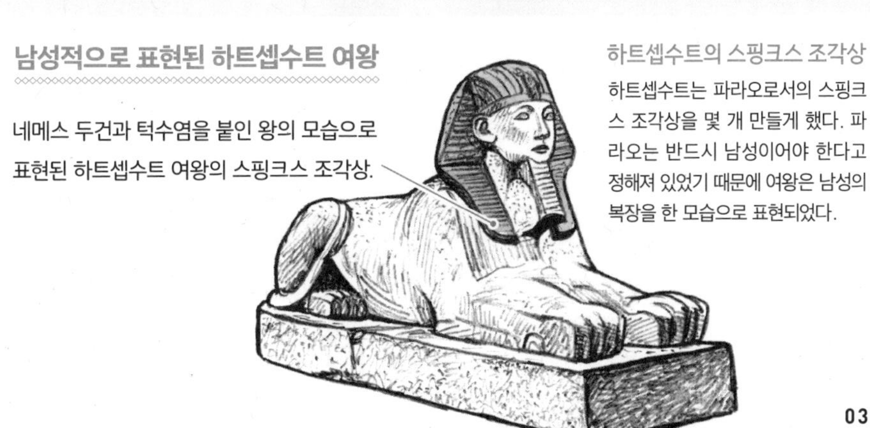

하트셉수트의 미라인가?

오래전부터 여러 연구자들은 하트셉수트의 무덤(KV20) 옆에 위치한 작은 암굴무덤(KV60)에서 발견된 두 구의 여성 미라 중 한 구가 양팔을 몸 앞에서 교차시키는 '왕의 미라' 자세를 취하고 있어 이것이 하트셉수트의 미라라고 주장해왔다. 근래에 어금니가 일치한다는 점에서 여왕의 미라라는 견해가 밝혀졌는데, 몸이 비만이었다는 점 때문에 다른 사람이라는 설도 강하다.

※KV는 Kings Valley(왕가의 계곡)의 약자.

여왕의 측근

세넨무트는 귀족 출신이 아니지만 여왕의 총애를 받아 네페루레 왕녀의 양육 담당으로 두각을 드러내면서 여왕의 측근으로서 요직을 맡았다. 그러다 마지막에는 정치의 실권을 잡기까지 이르렀다. 여왕의 장례신전 지하에 스스로 무덤을 만드는 등, 여왕의 어마어마한 신임을 얻었던 듯하다. 참고로 그 무덤의 천장에 그려진 천체도는 아직도 고대 이집트의 천문학 역사에서 가장 중요한 자료이다.

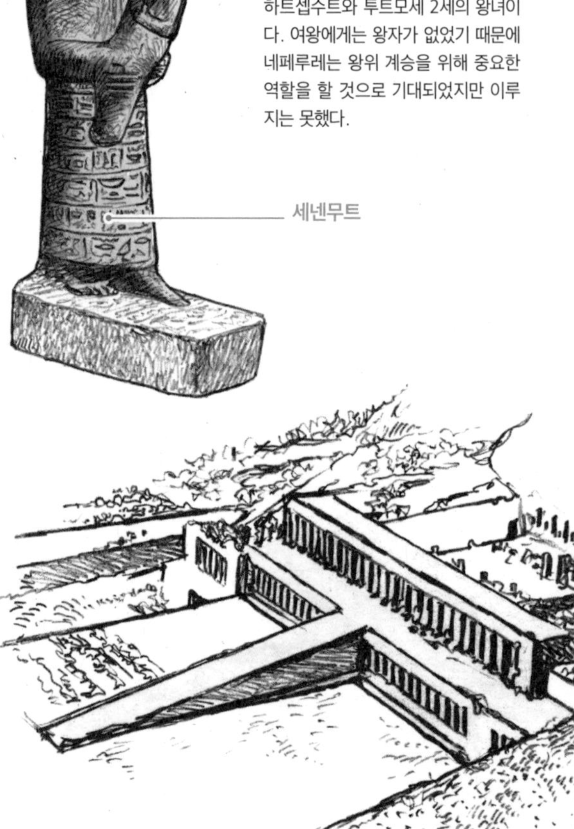

네페루레
하트셉수트와 투트모세 2세의 왕녀이다. 여왕에게는 왕자가 없었기 때문에 네페루레는 왕위 계승을 위해 중요한 역할을 할 것으로 기대되었지만 이루지는 못했다.

세넨무트가 여왕의 장례신전 건설 책임자

여왕의 측근인 세넨무트가 책임자가 되어 데이르 엘 바흐리의 절벽 아래에 건설한 하트셉수트의 장례신전(130쪽)은 3층 테라스로 이루어졌다. 주위의 경관과 절묘하게 어울리는 아름다운 신전 건축이다.

영광의 증표인 오벨리스크를 건립

하트셉수트는 부왕인 투트모세 2세를 본받아 카르나크 아멘 대신전을 증축하고 거대한 두 쌍(4개)의 오벨리스크를 신전에 봉납했다. 두 개가 유실되고 두 개만 현존하는데, 하나는 무너져 성지(聖池, 신성한 연못-옮긴이) 옆에 누워 있다. 오벨리스크는 끝부분이 금과 은의 자연 합금인 일렉트럼으로 덮여 있다.

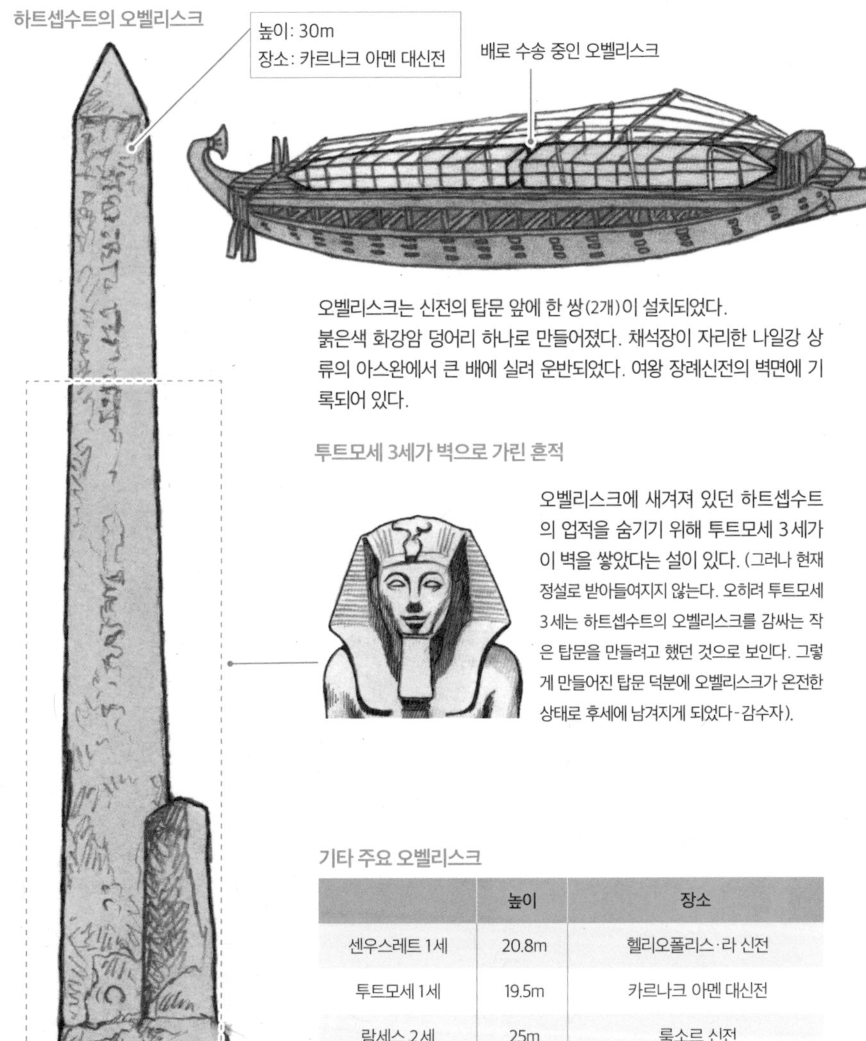

오벨리스크는 신전의 탑문 앞에 한 쌍(2개)이 설치되었다. 붉은색 화강암 덩어리 하나로 만들어졌다. 채석장이 자리한 나일강 상류의 아스완에서 큰 배에 실려 운반되었다. 여왕 장례신전의 벽면에 기록되어 있다.

오벨리스크에 새겨져 있던 하트셉수트의 업적을 숨기기 위해 투트모세 3세가 이 벽을 쌓았다는 설이 있다. (그러나 현재 정설로 받아들여지지 않는다. 오히려 투트모세 3세는 하트셉수트의 오벨리스크를 감싸는 작은 탑문을 만들려고 했던 것으로 보인다. 그렇게 만들어진 탑문 덕분에 오벨리스크가 온전한 상태로 후세에 남겨지게 되었다-감수자).

기타 주요 오벨리스크

	높이	장소
센우스레트 1세	20.8m	헬리오폴리스·라 신전
투트모세 1세	19.5m	카르나크 아멘 대신전
람세스 2세	25m	룩소르 신전

푼트와의 교역

적극적으로 교역을 확대한 하트셉수트 여왕은 혼란기 이후로 뚝 끊겼던 푼트와의 교역을 부활시켰다. 그녀의 장례신전 벽면에는 푼트에 선단(船團)을 파견하여 다양한 물품을 수입하는 모습이 기록되어 있다.

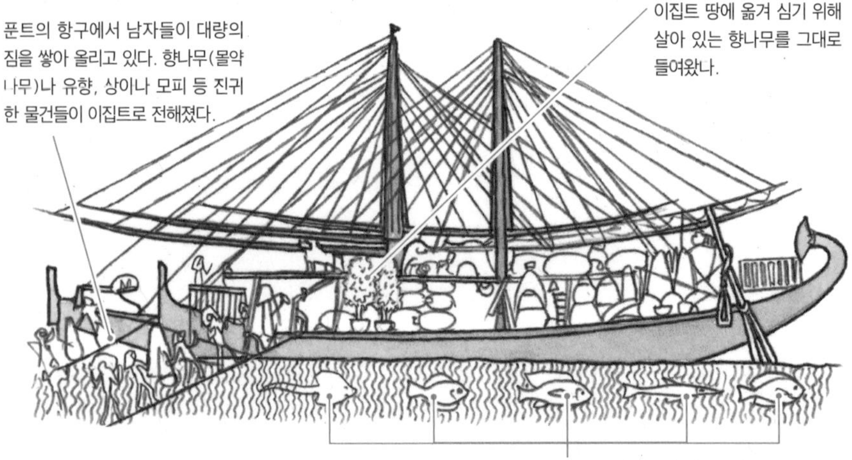

푼트의 항구에서 남자들이 대량의 짐을 쌓아 올리고 있다. 향나무(몰약나무)나 유향, 상이나 모피 등 진귀한 물건들이 이집트로 전해졌다.
이집트 땅에 옮겨 심기 위해 살아 있는 향나무를 그대로 들여왔나.
바닷물고기도 그려진 것으로 보아 푼트가 홍해 연안에 있었다는 사실을 알 수 있다.

푼트 여왕이 그려진 하트셉수트 장례신전의 부조

푼트 원정 모습을 그린 부조에는 푼트 여왕인 아티와 남편 팔레프의 모습도 있다. 이상적인 모습으로 그려지는 이집트 미술에서는 보기 드물게 델컴병(Dercum's disease) 등의 지방종을 앓고 있었던 것으로 추측되는 아티의 모습이 그려져 있다.

푼트 여왕 아티. 비쩍 마르게 그려진 오른쪽 남편에 비해 통통하게 그려져 있다.
아티의 남편 팔레프.

푼트는 어디일까?

이집트보다 남동쪽에 있었다고 하는데 정확히 어디인지는 알려져 있지 않다. 현재 에티오피아 북부의 에리트레아 부근으로 추측된다.

도시의 배치를 결정짓는 테베의 축제

신왕국 시대의 왕도(수도) 테베는 축제 도시로 그곳에서 치러지는 제례는 국가의 아주 큰 행사였다. 그중에서도 신전으로 가는 가마 행렬인 '오페트 축제'(127쪽)와 '계곡 축제'가 중요했는데, 그 주춧돌을 쌓은 사람이 바로 하트셉수트이다.

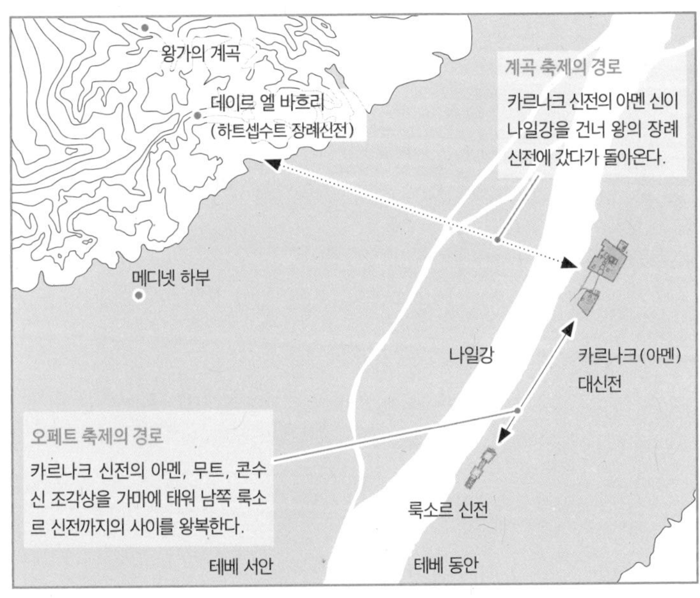

삭제된 여왕의 통치

카르나크 아멘 대신전에서 깎인 하트셉수트의 부조.

하트셉수트는 생전에 왕으로서의 정당성이나 업적을 기념비 등에 남겼지만, 그녀가 사망한 후 투트모세 3세가 그것을 삭제했다. 그가 하트셉수트를 왕으로 그린 그림이나 이름만 삭제한 점과 투트모세 3세가 말년에 했던 일이라는 점으로 보아 원한이 아니라 여성 왕이라는 예를 없애 아들의 왕위 계승의 정당성을 강화하려고 했다는 설도 있다.

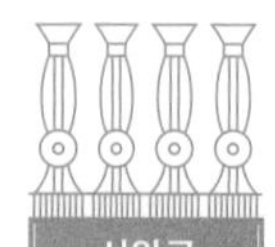

신왕국 시대

제18왕조

원정으로 영토를 최대로 넓힌 왕

투트모세 3세

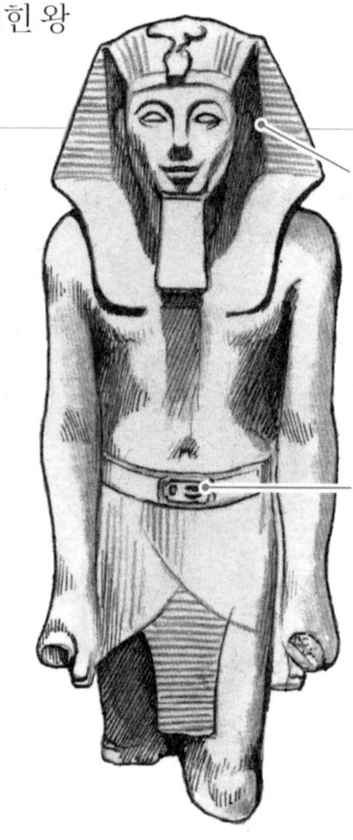

이상적인 모습으로 표현된 이 조각상은 카르나크 대신전에서 발굴됐다.
허리띠에 즉위명인 '멘케페르라'가 새겨져 있다.

DATA

호루스명	카나크트 카엠와세트
즉위명	멘케페르라
탄생명	투트모세
재위	기원전 1479~ 기원전 1425년경
매장지	왕가의 계곡·KV34
히에로글리프	

투트모세

멘케페르라

하트셉수트 여왕이 세상을 떠나고 치세 22년째가 되어서야 단독으로 왕권을 잡게 된 투트모세 3세. 그는 군사적 감각이 탁월하여 거듭되는 원정을 통해 이집트의 영토를 사상 최대로 넓힌 왕으로 알려져 있다.

그의 군사 행동 중에서 으뜸으로 거론되는 것은 아시아로 떠난 원정이다. 투트모세 3세가 단독 통치를 하기 시작한 초반에 시리아-팔레스타인 지방에서는 이집트 지배에 반발하는 세력이 힘을 키우고 있었다. 투트모세 3세는 스스로 군을 이끌고 원정을 떠나 예상을 뒤엎는 전술로 보란 듯이 상대방의 무릎을 꿇게 만들었다. 이 첫 번째 원정을 시작으로 20년 동안 17차례나 군사 원정을 떠났고, 말년에는 시리아-팔레스타인의 많은 도시를 수중에 넣었다.

투트모세 3세는 힘으로 제압했을 뿐만 아니라 식민지화 제도까지 확립했다. 지배한 땅을 크게 세 개의 주로 나누고 각각 총독을 설치해 각 도시국가에는 공납과 군역을 의무화했다. 또한 왕과 제후의 장남을 인질로 잡아 이집트 궁정에 살게 한 다음 이집트식 교육을 시켰다. 이것은 차기 왕과 제후를 이집트파로 자라게 해 반란의 싹을 미리 뽑아버리겠다는 의도가 담긴 정책이었다.

17차례에 이르는 아시아 원정

17차례나 되는 투트모세 3세의 전투 기록은 카르나크 신전을 둘러싼 사암 벽에 새겨져 있다. 아멘 신을 신앙했던 투트모세 3세는 원정에서 얻은 전리품이나 공납품 대부분을 신에게 바쳤고 신전의 재력은 더욱 커졌다.

정복한 아시아의 도시를 기록한 부조

투트모세 3세는 카르나크 아멘 대신전의 제6탑문 부조에 전투 기록을 남겼다. 정복한 시리아-팔레스타인 지역의 도시 이름을 하나하나 기록했다.

성벽을 본뜬 틀에 정복한 도시 이름이 각각 기록되어 있다.

원정 때 가져온 진귀한 동식물을 표시한 방 '식물원'

아멘 대신전의 제6탑문 북쪽에 위치한 벽에 동식물이 그려져 있는 작은 방이 있다. 왕궁의 정원을 떠올리게 하는 그 작은 방은 '식물원'이라 불렸다. 투트모세 3세가 아시아 원정에서 갖고 돌아온 진귀한 동식물이 그려져 있다.

원정이나 식민지 정책으로 영토를 최대로 넓히다

적극적으로 원정에 나서면서도 나중에 나라나 도시를 다스리게 될 자식들에게 이집트에 충성을 맹세하도록 교육함으로써 순종적인 속국을 만들었던 투트모세 3세. 그러한 노력 덕분에 신왕국 시대에서 가장 넓은 영토를 자랑했다. 오래전부터 있었던, 왕은 적(이민족)을 무찌르는 파라오라는 이미지를 이용해 눈부신 공적을 기록했다(카르나크 대신전 제7탑문).

이민족을 무찌르는 투트모세 3세

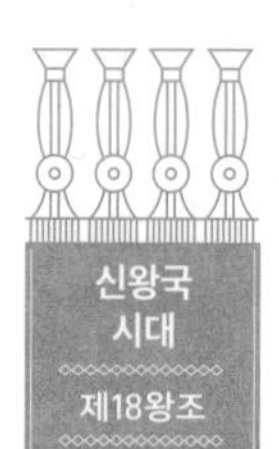

신왕국 시대

제18왕조

전제 군주가 되고 싶었던 왕

아멘호테프 3세

젊고 건강한 육체로 표현되어 있는 아멘호테프 3세. 예배용 조각상으로, 왕의 말년에 만들어졌다고 한다.

아멘호테프 3세. 조각상에는 왕의 이름이 새겨져 있었지만, 아케나텐 시대에 '아멘 신' 부분이 깎였다.

DATA

호루스명	카나크트 카엠마아트
즉위명	네브마아트라
탄생명	아멘호테프
재위	기원전 1388~ 기원전 1351년경
매장지	왕가의 계곡·서곡 KV22
히에로글리프	

아멘호테프

네브마아트라

투트모세 3세의 치세로부터 약 60년 후, 그의 증손에 해당하는 제18왕조 9대 왕 아멘호테프 3세가 즉위할 무렵에 이집트는 신왕국 시대의 절정기를 맞이하고 있었다. 어느덧 원정은 거의 나가지 않게 되었고, 식민지에서 받은 공납품이나 윤택한 금 생산 덕분에 나라 경제는 풍요로웠다.

풍부한 부 아래에서 아멘호테프 3세는 대규모 건축 사업에 힘을 쏟고 온갖 사치를 부리며 마음껏 궁정 생활을 누렸다. 그러나 화려한 업적 뒤로는 전제군주가 되기 위한 개혁 작업이 간간이 있었다. 한 예로, 왕족이 아닌 왕비를 맞이하고 가문과 관계없이 유능한 관리를 등용했다. 왕은 치세 30년을 기념하여 왕위갱신제를 테베 서안의 말카타 왕궁에서 거행했다. 때때로 그때까지 있었던 전통을 무시한 행동을 했는데, 이는 점점 힘을 키워온 아멘 사제단을 견제하기 위한 것으로 추측된다. 아멘 신과의 결별은 다음 세대에서 명확히 드러났다.

또한 말년에는 식민지 경영에 금이 가기 시작했다. 대국 히타이트가 이집트의 동맹국 미탄니 왕국이나 그 식민지로 진출하기 시작했던 것이다. 그러나 아멘호테프 3세는 약속을 어기고 구원병 요청을 무시했다. 이러한 정세 속에서 이집트 식민지의 질서는 흐트러지고, 후에 많은 것을 잃게 되었다.

통치 기간에 일어난 일을 기록한 기념 스카라브

아멘호테프 3세가 다스리던 첫 12년 동안의 사건을 기록한 5대 기념 '스카라브'가 있다. 스카라브란 애초에 고대 이집트에서 신성시되던 진왕소똥구리 또는 일반적으로 쇠똥구리를 부르는 말이다. 왕의 치세 아래에 일어난 업적을 기록해 널리 외국으로도 퍼뜨렸다.

❶ 사자 사냥 스카라브

아멘호테프 3세 치세 1년부터 10년까지 왕이 활로 쏘아 죽인 사자는 102마리이다.

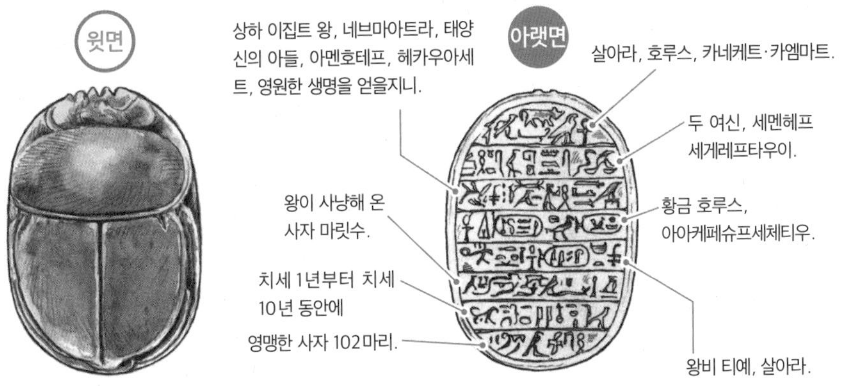

윗면
아랫면
상하 이집트 왕, 네브마아트라, 태양 신의 아들, 아멘호테프, 헤카우아세트, 영원한 생명을 얻을지니.
살아라, 호루스, 카네케트·카엠마트.
두 여신, 세멘헤프 세게레프타우이.
왕이 사냥해 온 사자 마릿수.
황금 호루스, 아아케페슈프세체티우.
치세 1년부터 치세 10년 동안에
영맹한 사자 102마리.
왕비 티예, 살아라.

❷ 결혼 스카라브

티예와의 결혼을 기록한 스카라브. 왕비 티예와 그녀의 부모 유야와 투야의 이름이 새겨져 있다.

❸ 야생소 사냥 스카라브

왕의 치세 2년에 왕은 전차를 타고 사막에서 야생소를 사냥했다. 왕이 사냥한 야생소는 총 96마리이다.

❹ 길루키파의 스카라브

왕의 치세 10년의 기록. 길루키파는 미탄니의 슈타르나(2세)의 왕녀로 317명의 시녀를 거느리고 이집트로 시집을 왔다.

❺ 호수 건설 스카라브

왕은 왕비 티예를 위해 치세 11년에 자르카라는 마을에 길이 1.9km, 폭 360m짜리 인공 호수를 만들게 했다.

왕비 티예

메디넷 구로브에서 발굴한 티예 왕비의 머리 부분. 머리카락과 장식을 나중에 다시 만들었다는 점에서 티예 왕비의 역할이 아멘호테프 3세가 사망한 후에 더 커졌다는 사실을 추측할 수 있다.

왕비 티예의 일족을 우대하다

그때까지 왕위 계승권을 가진 왕의 혼인 상대는 왕족 출신자가 일반적이었다. 아멘호테프 3세는 이 관례를 깨고 지방 유력자의 딸 티예와 결혼했다. 결혼한 후에는 티예의 오빠 아넨을 밀어주고 티예의 부모에게는 왕가의 계곡(97쪽)에 무덤을 주었다. 이는 티예의 아버지 유야가 가진 중부 이집트의 군사력을 기대했기 때문으로 추측된다.

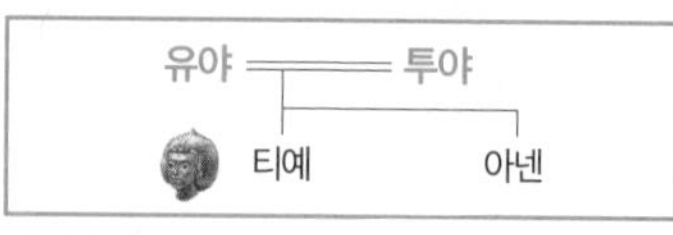

티예의 부모인 유야와 투야는 왕족이 아닌데도 왕가의 계곡에 무덤을 부여받았다. 그때까지는 왕만이 묻힐 수 있는 일등지에 무덤을 갖는다는 것은 이례적인 일이었다. 티예의 오빠 아넨은 아멘호테프 3세의 후원을 받아 출세하여 아멘 제2사제 등 여러 가지 직무를 겸임했다. 왕비 티예도 아멘호테프 3세의 무덤에 같이 묻힐 예정이었다. 또한 투탕카멘의 재상으로 나중에 파라오가 된 아이(55쪽)는 출신이 같은 아크밈이었다는 이유로 티예의 친족이라는 설도 있다.

투야

투야의 황금 가면. 투야의 부장품에는 '왕의 왕비의 어머니'라는 기술이 여러 번 보인다. 한편 유야의 부장품에는 어떤 이유에서인지 티예 등과의 관계를 나타내는 기록을 찾아볼 수 없다. 가면 아래에 있던 부부의 미라는 각각 보존 상태가 매우 훌륭하다.

유야

유야의 미라가 쓰고 있던 황금 가면. 1905년에 왕가의 계곡 묘지에서 유야와 투야의 무덤이 발견되었을 때 해친 흔적이 있긴 했지만 거의 손을 대지 않은 상태여서 화제를 불러왔다. 특히 금박이 붙은 이 가면은 숨막힐 정도로 아름답다.

부장품도 호화롭다

황금 가면 외에도 부부의 무덤에는 호화로운 부장품들이 넘쳐났다. 동물의 모티브가 올려진 독특한 항아리에는 유야의 이름이 각각 새겨져 있다. 수많은 부장품은 부부가 절대적인 권력을 쥐고 있었다는 사실을 전해준다.

파라오 자신을 신격화하다

이집트 왕조가 창설된 후로 왕은 신의 아들이라 칭송해 왔지만, 아멘호테프 3세는 자신을 신격화하여 아멘 신과 함께 받들어 모시는 신전을 만들게 했다. 또한 말년에는 자신의 두 딸과 결혼했는데, 이는 신화의 세계를 재현하기 위한 것으로 추측된다.

신이 된 자신에게 공물을 바치는 부조

달이 달린 장신구를 머리에 쓴 아멘호테프 3세. 달의 쓰개를 머리에 써 자신을 신으로 표현했다.

왕권을 나타내는 성스러운 뱀, 코브라가 달린 두건을 쓰고 수염을 붙였다.

신이 된 왕 자신에게 공물을 바치는 아멘호테프 3세. 왕이 세운 누비아의 솔레브 신전에 그려진 부조.

우아스의 지팡이를 들었다.

왕비 티예도 신격화

자신을 신격화한 아멘호테프 3세는 정비 티예도 마찬가지로 신격화했다. 부부를 신으로 표현한 작은 조각상이 남아 있다.

대머리수리의 날개 장식을 붙인 티예.

티예의 옆에는 아멘호테프 3세도 나란히 있었는데, 현재는 왕의 왼쪽 팔밖에 남아 있지 않다. 팔에는 팔찌를 차고 있다.

어깨끈이 달려 있고 몸의 라인에 맞춘 옷은 대머리수리의 날개로 덮여 있다. 이 의상은 아멘 신의 아내인 무트 여신을 연상케 하는 것으로 티예를 신으로 표현했다.

풍부한 재력으로 많은 건축물을 남기다

아멘호테프 3세는 주로 제사를 위한 시설을 건축하는 데 힘을 쏟았다. 카르나크 아멘 대신전과 새로이 룩소르 신전을 지었다. 개인적으로는 자신의 거대 조각상 2개와 함께 장례신전을 지었고, 테베 서안에는 광대한 말카타 왕궁 등을 지었다.

말카타 왕궁의 도시 계획

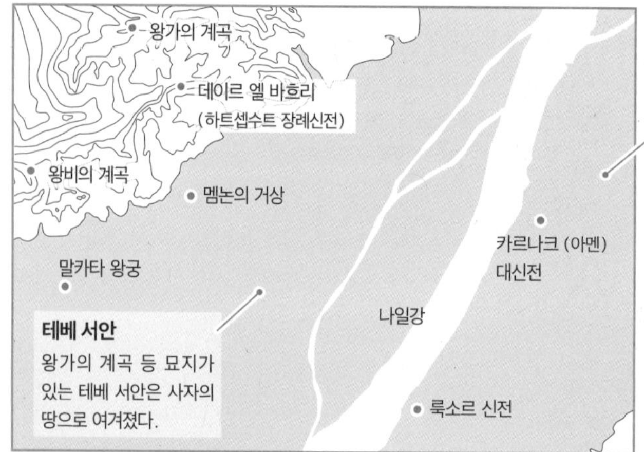

테베 동안
왕궁은 일반적으로 나일강을 끼고 테베 동안에 만들어졌다.

보통 말카타 왕궁이 테베 서안에 위치했던 것으로 보아 아멘 사제단에서 도망쳐 사자의 땅에 지었다는 설은 옳지 않다. 아멘호테프 3세는 처음부터 나일강의 동서(양쪽 연안)에 걸치는 거대 왕궁 도시를 건설할 계획을 세우고 있었다.

왕궁 내·왕의 침실 천장화

말카타 왕궁터에서는 햇빛에 말린 벽돌로 지은 많은 건축물의 흔적이 발견되었다. 집회장이나 왕의 침실 주변에서는 방대한 양의 채색화 조각이 발견되었다.

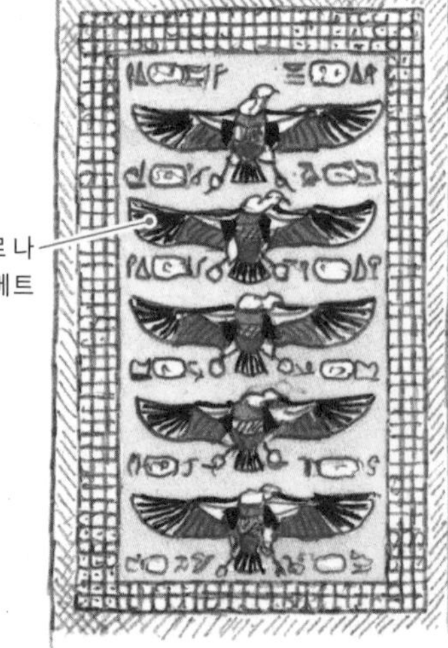

대머리수리로 나타낸 네크베트 여신상.

룩소르 신전
아멘호테프 3세의 대열주 홀

카르나크 아멘 대신전의 부속 신전이었던 룩소르 신전은 원래 작은 신전이었지만, 아멘호테프 3세가 대열주와 안마당 등을 증설했다.

예전 장례신전의 흔적은 현재 두 개의 '멤논 거대 조각상'뿐

서안에 만들어진 장례신전은 석재를 재이용하느라 부수었지만, 아멘호테프 3세의 거대 조각상 2개는 남아 있다. 이러한 거대 조각상으로 자신을 드러낸 것도 아멘 사제단에 대한 견제의식으로 볼 수 있다.

예전에 북쪽에 있던 조각상은 새벽녘과 해질녘에 흐느껴 우는 소리를 냈다. 멤논의 울음소리라는 그 소리는 아침저녁의 급격한 온도 변화 때문에 생겼다고 한다. 고대 로마인이 수리한 후로 그 소리는 나지 않게 되었다.

아멘호테프 3세 장례신전의 탑문에 있었다는 두 개의 조각상. 높이가 20m나 된다.

서쪽에는 상하 이집트 통일의 부조가 있다. 다리 쪽에 있는 작은 조각상은 왕비 티예나 왕의 어머니 조각상이다.

아멘호테프 3세의 조각상이지만 고대 로마인이 그리스 신화의 영웅 멤논의 조각상이라고 한 탓에 멤논 조각상(멤논 거상)이라는 이름이 붙었다.

장례신전의 거대 조각상의 발과 대좌

멤논의 거대 조각상 주변에서는 왕의 장례신전에 있었다는 거대 조각상이 몇 개나 발굴되었다. 발과 대좌만 남아 있는 이 조각상도 그중 하나다.

왕의 건축 사업을 지지한 충신 하푸의 아들 아멘호테프

평민 출신에서 서기로 등용되어 왕의 장례신전을 비롯한 건축 사업 전반을 맡을 정도의 위치까지 올라간 수재. 나중에 프톨레마이오스 왕조 시대에는 성자로 칭송받았다. 신분이 아닌 실력을 중시해 등용되었다. 아멘호테프는 동명이인이 많았기 때문에 앞에 '하푸의 아들'이라는 수식어를 붙여 불렀다.

신왕국 시대

제 18 왕조

세계 최초로 종교 개혁을 실시한 왕

아케나텐(아멘호테프 4세)

긴 턱이나 두터운 입술 등, 왕의 특징을 과장해서 표현. 이상적인 이미지가 아니라 사실에 가까운 모습으로 묘사했다.
불룩 나온 배. 가는 팔과 몸도 원래의 왕과 비슷했다. 카르나크 아멘 대신전에서 발견된 이 조각상은 표현 방법의 혁신성으로 눈길을 끌었다.

DATA

호루스명	카나크트 카슈티
즉위명	네페르케펠우라
탄생명	아케나텐
재위	기원전 1351~ 기원전 1334년경
매장지	아케트 아텐 TA26 왕가의 계곡·서곡 KV23
히에로글리프	

아케나텐

네페르케펠우라

아멘호테프 3세의 뒤를 이어 왕이 된 사람은 그의 아들 아멘호테프 4세였다. 아멘 신과 그 사제단을 멀리하고 전제군주가 되고자 했던 아버지의 영향을 받고 자란 그는 드디어 종교 혁명을 실현했다. 그는 그때까지 믿었던 이집트 전통의 신들을 없애고 아텐 신을 유일신으로 예배하는 종교 개혁을 단행했다.

치세 5년째에 자신의 이름을 아멘호테프 4세에서 아케나텐으로 바꿨다. 왕이야말로 신과 대화를 주고받는 유일한 존재라는 점을 강조하고 중개자인 사제의 존재는 필요로 하지 않았다. 치세 6년째까지 아멘 신을 없애기 위해 테베와 멤피스 사이에 아텐 신 신앙의 성지가 될 새로운 수도를 만들었다. 새 수도는 아케트 아텐(아텐의 지평선)이라 이름 지었다. 그리고 동시에 다른 신들을 박해했고 기념비에서는 신들의 이름을 깎았으며 많은 신전을 폐쇄했다.

아케나텐은 이 종교 개혁으로 민중의 관심을 왕에게로 돌릴 속셈이었는데, 국민은커녕 왕과 그 일부 신하들밖에 받아들이지 않았던 모양이다. 아텐 신 신앙과 그 성지인 아케트 아텐은 그렇게 아케나텐 1대로 거의 끝을 맺었다.

종교 개혁으로 아텐 신앙을 강조

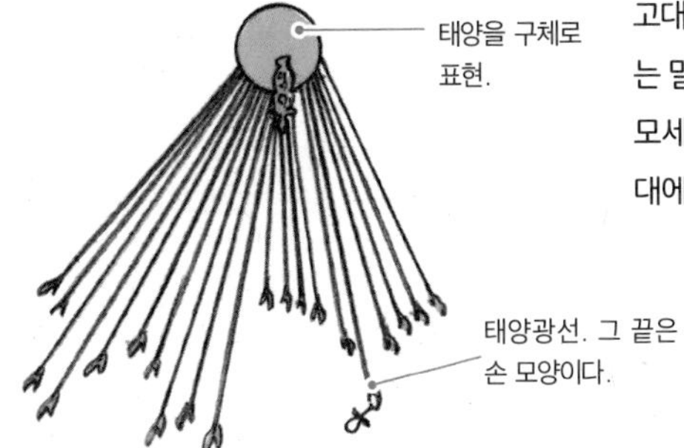

태양을 구체로 표현.
태양광선. 그 끝은 손 모양이다.

고대 이집트에서 아텐은 태양 그 자체를 가리키는 말이었다. 아텐 신은 아케나텐의 조부인 투트모세 4세 때 처음으로 신격화되었다가 아케나텐 대에서 주신이 되었다.

아텐 신의 특징

- 만물의 창조주.
- 이집트뿐만 아니라 다른 나라의 사람들에게도 사랑을 내려주는 신.
- 왕은 아텐 신의 유일한 예언자였다.

멤피스
고대 이집트의 첫 왕도. 초기왕조 시대부터 번성했다. 프타 신을 믿음.

텔 엘 아마르나(아케트 아텐)
주요 도시 사이에 위치하여 어떤 신의 가호도 받지 않는 땅이었다.

테베
신왕국 시대부터 카르나크 신전을 중심으로 번성하고 종교 도시가 되었다. 아멘 신을 믿음.

아멘 신앙과 결별하기 위해 텔 엘 아마르나로 천도

새로운 종교를 널리 퍼뜨리기 위해서는 그때까지 전해져 온 신화와는 관련이 없는 완전히 새로운 땅을 성지로 정해야 했다. 그때 선택된 곳이 멤피스와 테베의 거의 중간이며 나일강 동안에 위치한 텔 엘 아마르나(아케트 아텐이라 이름 붙여졌다)였다.

이름 개명

아멘 신은 '아멘' 호테프 4세의 이름을 버리기까지 하며 철저히 배제했다. 새로운 아텐 신의 이름은 아텐 신의 미사여구와 함께 표현되었다. 그 부분은 왕의 생각에 변화가 있었기 때문에 전기 이름과 후기 이름이 있다. 전기 이름은 아텐 신이 태양신의 새로운 신의 모습이라는 것을 뜻하고, 후기 이름은 아텐 신이 태양신 '라'가 재림한 모습이라는 사실을 선언한다.

전기 이름
아텐 슈(태양광선)라는 이름으로 지평선에서 기뻐하는 라 호르아크티(태양신).

후기 이름
아텐으로서 재림한 아버지 라의 이름으로 지평선에서 기뻐하는 두 지평선의 지배자 라.

혁신적인 표현 방법 아마르나 미술

그때까지 이집트 미술은 규범을 따른 형태를 그대로 표현하는 것이었다. 예를 들어 왕이 곤봉을 높이 휘두르는 전형적인 자세(22쪽)로 대대손손 그려지는 것처럼 말이다. 하지만 아마르나 미술에서는 전통적인 형식을 버리고 새로운 표현 방법을 모색했다.

왕의 치세 초기일수록 변화가 현저히 두드러져 그때까지의 전통과 결별하겠다는 의사 표시이자 민중에 대한 선언이었을 수도 있다.

아마르나 양식으로 그려진 조각상. 머리 부분은 남아 있지 않지만 왕비 네페르티티로 추정된다.

아케나텐 왕녀의 머리라고 한다. 후두부가 달걀형으로 튀어나온 모습으로 그려진 것도 아마르나 미술의 특징이다.

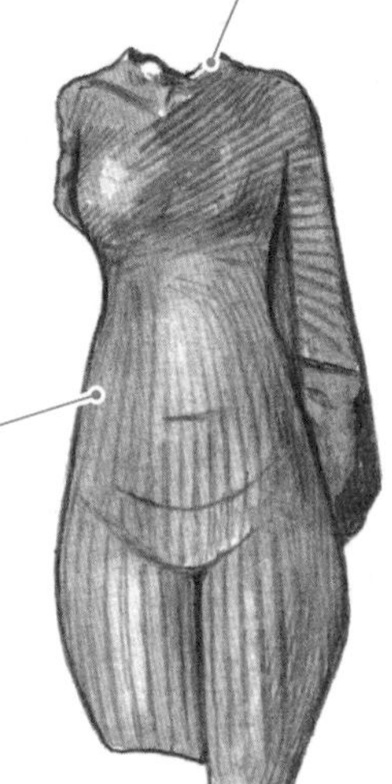

볼록한 곡선미를 가진 하반신은 아마르나 양식의 특징을 잘 나타낸다. 정교하게 조각된 옷의 주름도 아름답다.

아마르나 미술에서는 왕의 개인적인 모습이 그려져 있다.

아텐 신. 신의 가호를 나타낸다.

왕녀 메케트 아텐과 앙크센 아텐을 안은 왕비 네페르티티.

첫째 왕녀 메리트 아텐을 안고 어르고 있는 아케나텐. 가족의 단란한 모습은 왕의 모습을 있는 그대로 그린 새로운 표현이었다.

마주 보고 앉은 왕 부부와 아이들의 사이좋은 모습은 왕의 위엄을 강조해온 전통적인 이집트 미술과는 동떨어진 것이었다.

베일에 싸인 미녀, 아케나텐의 왕비 네페르티티의 역할은?

아케나텐은 선왕 아멘호테프 3세와 마찬가지로 왕족이 아닌 왕비를 맞이했다. 고대 이집트 사상 최고의 미인이라 불리는 네페르티티가 사실 종교 개혁의 진짜 주도자가 아니었을까 추측된다.

아마르나 왕궁의 조각가 공방 자리에서 발굴된 왕비 네페르티티의 흉상.

한쪽 눈만 박혀 있는 것으로 보아 습작이었던 것 같다.

회반죽을 바른 곳 위에 색을 칠한 이 조각상의 모습이 우아하고 아름다워서 네페르티티는 미녀의 대명사가 되었다.

네페르티티 출신에 대한 몇 가지 설

◆

다음 왕인 투탕카멘의 재상이자 대사제인 아이의 딸이었다고 한다.

◆◆

아케나텐의 사위로 공동 통치자였던 스멘카레가 사실 네페르티티였다는 설이 있다. 어떤 시기부터 왕비의 기록이 전혀 등장하지 않게 되었다는 사실 등에 힘입어 이러한 설이 생겨났다.

◆◆◆

네페르티티라는 이름에 '아름다운 여성이 왔다'라는 뜻이 있는 것으로 보아 외국인이라는 설이 생겼지만 타당하지는 않다.

키야로 추정되는 카노푸스 단지의 뚜껑(106쪽).

또 다른 한 명의 여왕 키야

아케나텐의 왕비 중 한 사람이었던 키야. 그 혈통은 알려져 있지 않다. 아케나텐의 총애를 받고 투탕카멘을 낳은 어머니가 아닐까 추측되었다. (그러나 현재 인정되지 않는다-감수자).

아케나텐의 스핑크스

아텐 신

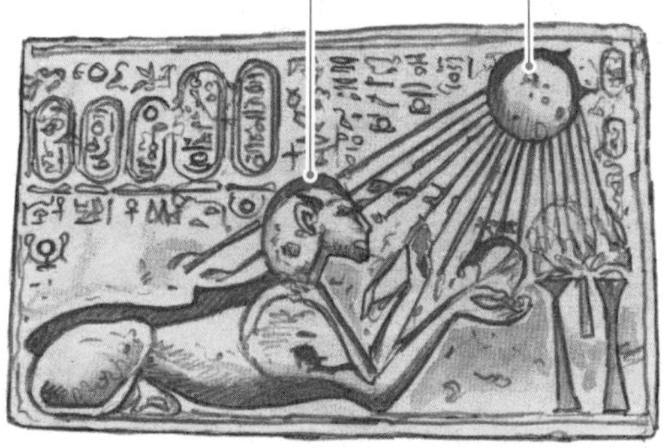

1대 만에 무너진 개혁

아케나텐의 종교 개혁은 백성에게 받아들여지지 않았다. 그것은 왕이 제사를 독점해서 신의 존재를 친근하게 느끼지 못했다는 점, 그동안 중시되어 왔던 '사후 세계'를 구체적으로 나타내지 못했다는 점과 더불어 정치를 소홀히 한 왕에 대한 신뢰도가 떨어졌다는 점을 이유로 들 수 있다.

신왕국 시대

제18왕조

시대에 농락당한 수수께끼의 소년 왕

투탕카멘

투탕카멘의 미라가 쓰고 있던 가면. 가장 유명한 왕릉의 출토품이다.

DATA

호루스명	카나크트 투트메수트
즉위명	네브 케페루 라
탄생명	투트앙크아멘(투탕카멘)
재위	기원전 1333~ 기원전 1323년경
매장지	왕가의 계곡·KV62
히에로글리프	

네브 케페루 라

투트앙크아멘

아케나텐이 사망한 후 공동 통치를 했던 스멘카레도 바로 세상을 떠나면서 고작 아홉 살 정도였던 소년이 왕위를 물려받게 되었다. 유명한 소년 왕, 투탕카멘이다. 어린 왕이 즉위하는 것은 이집트에서 드문 일이 아니다. 그의 무덤은 1922년에 거의 완전한 상태로 발견되었다. 이 일로 투탕카멘의 이름은 곧바로 전 세계에 널리 알려졌는데, 그 전에는 거의 알려지지 않은 왕이었다.

그의 치세에는 선왕 시대에 박해를 받은 아멘 신을 최고 신으로 섬기는 신교 세계의 부흥에 맞춰 멤피스로 수도를 옮겼다. 그러나 실제로 정치를 한 사람은 어린 왕의 섭정을 했던 사제 아이와 장군 호르엠헤브였다. 이 사실만은 명백하다.

투탕카멘은 사제 아이와 장군 호르엠헤브의 그늘에 가려 고작 치세 9년 만에 세상을 떴다. 그의 사인은커녕 정확한 출생이나 생애도 베일에 싸여 있다. 이는 후세에 아마르나 시대의 역사적 기록이 지워지고 투탕카멘의 이름이나 그림도 삭제되었기 때문이다. 그러나 그 덕분에 도굴되지 않고 역사의 틈새에서 사라질 뻔했던 왕은 이름을 남기게 되었다.

투탕카멘은 누구의 아들인가?

투탕카멘은 아케나텐과 왕비 네페르티티의 딸과 결혼했으며 그 자신도 왕자였다는 사실은 확실하므로 정통 왕위 계승자가 맞다. 그러나 자세한 태생에 대해서는 아직 확실히 밝혀지지 않았다.

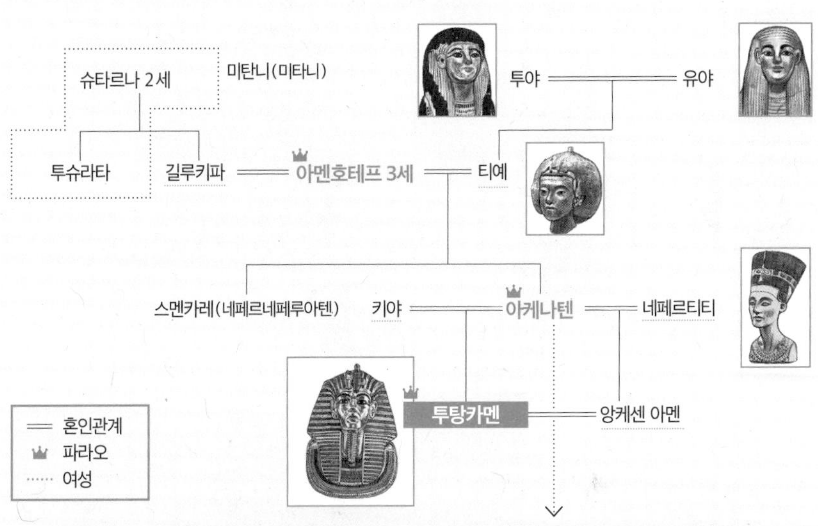

아케나텐과 키야

투탕카멘의 탄생했을 즈음 아케나텐의 제2의 왕비 키야의 기록이 사라졌다는 사실에 근거해서 투탕카멘의 어머니를 키야로 추측하고, 키야가 투탕카멘을 출산하다가 사망했을 가능성이 있다고 추정했다. (그러나 2010년에 이루어진 제18왕조 시대 미라들에 대한 DNA 조사를 통해서 투탕카멘의 어머니는 KV35에서 발견된, 이름이 알려지지 않은 여성인 것으로 확인되었다. 이 여성은 놀랍게도 투탕카멘의 아버지로 밝혀진 아케나텐의 친남매였다-감수자).

투탕카멘의 무덤에 묻힌 여성 파라오

현재는 투탕카멘에 앞서 아케나텐의 비인 네페르티티가 왕(네페르네페루아텐)이 되었을 것으로 보는 설이 유력하다. 무덤에서는 여성 지배자 조각상 등 그 가능성을 시사하는 물건도 발견되었다.

투탕카멘의 무덤에서 발견된 왕의 조각상인데, 봉긋한 가슴 등 여성적인 특징을 보여 투탕카멘의 조각상이 아닌 것으로 추측되고 있다.

아텐 신앙을 버리고 아멘 신앙을 부흥시키다

투탕카멘이 즉위한 직후에 아멘 신앙을 부활시키고자 하는 움직임이 시작되었다. 치세 2년째에 왕과 왕비는 이름에 포함되는 신의 이름을 '아텐'에서 '아멘'으로 개명하고 아멘 신으로 귀의할 것을 표명했다. 카르나크 아멘 대신전에 부흥비를 세우고 파괴되었던 신들의 건축물을 수리했다.

아멘의 수호를 받는 투탕카멘

카르나크 아멘 대신전에서 발견된 조각상. 앉아 있는 아멘 신 앞에 아멘 신과 같은 방향을 바라보는 투탕카멘이 서 있다. 다시 아멘 신과 함께 통치하겠다는 것을 증명하듯이 왕은 아멘 사제의 의상으로 그려져 있다.

아멘 신은 깃털이 두 개 달린 관을 쓰고 있다. 이는 아멘 신 특유의 관.

호르엠헤브는 조각상 뒷면에 새겨져 있던 투탕카멘의 이름에 전부 다 흠집을 냈으며 투탕카멘의 많은 기념물들은 이름을 바꾸고 다시 이용되었다.

투탕카멘의 머리 부분은 부서졌다. 이는 후에 파라오가 된 호르엠헤브 1세에 의한 것이다.

아텐 신앙의 자취가 남아 있는 옥좌

투탕카멘의 무덤에서는 왕이 생전에 사용했던 옥좌가 발견되었다. 온갖 사치를 부린 황금 옥좌에는 아텐 신앙의 자취가 남아 있었다. 옥좌의 등받이 부분에 아텐 신의 가호를 받는 투탕카멘과 그의 아내 앙케센 아멘의 모습이 그려져 있다.

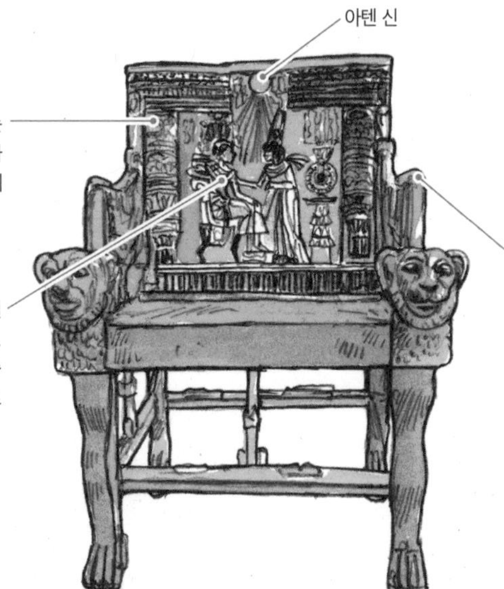

아텐 신

아텐 신의 가호를 받는 왕 부부가 그려진 옥좌는 아마르나 시대에 제작된 것이다.

투탕카멘에게 향료를 칠하는 왕비 앙케센 아멘. 금실 좋은 부부의 모습을 그리는 것도 아마르나 시대의 특징이다.

옥좌의 팔걸이 옆면에는 왕의 아텐 이름이 새겨져 있다.

투탕카멘의 사인과 그 후의 왕권

19세라는 젊은 나이에 세상을 떠난 투탕카멘. 그 사인에 대해서는 온갖 억측이 나왔다. 오래전에는 독살이나 타살, 혹은 사고사를 의심했지만, 컴퓨터 단층촬영(CT)과 DNA 감정으로 선천적인 다리 질환이나 말라리아, 겸형 적혈구증이라는 유전자 질환이 있었다는 사실이 발견되어 병사일 가능성이 높아졌다.

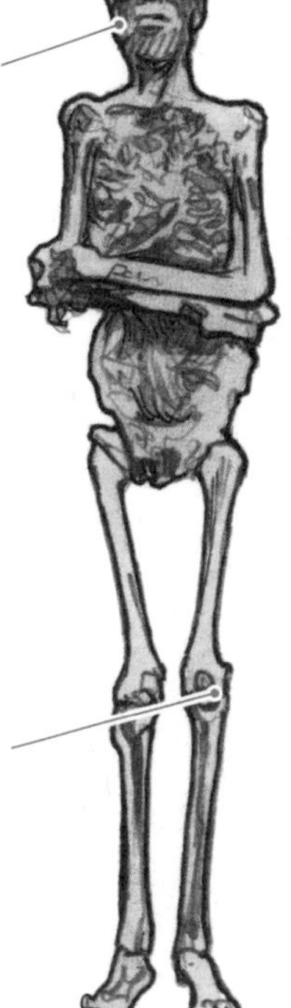

투탕카멘의 무덤에서 잠들어 있던 왕의 미라. 보존용 향료를 대량으로 사용한 탓에 오히려 보존 상태가 나빠지고 말았다. 그래서 현재도 왕의 사인을 정확히 파악하지 못하고 있다.

왼쪽 다리는 날 때부터 변형이 있던 것으로 보이고 뼈도 괴사해서 걸을 때는 지팡이가 필요한 상태였다는 사실이 연구로 밝혀졌다.

투탕카멘 후의 왕위 계승

투탕카멘의 자식은 한 살도 채 되지 않아 죽음을 맞이한 탓에 다음 왕의 자리는 왕비인 앙케센 아멘의 남편이 될 자에게 맡기게 되었다. 왕비는 히타이트 왕국의 왕자를 맞이하려 했지만, 그 왕자가 암살을 당해서 아이가 왕좌에 오르게 되었다. 그리고 아이가 사망한 후에 뒤를 이은 호르엠헤브가 제18 왕조의 마지막 왕이 되었다.

투탕카멘(기원전 1333~기원전 1323년)

아이(기원전 1323~기원전 1319년)

호르엠헤브(기원전 1319~기원전 1292년)

암살자로 의심받은 사람들

(아이?)

투탕카멘의 후견인으로서 정권을 잡고 있던 아이가 차기 왕의 자리를 넘보고 암살했을 가능성이 제기되었으나, 실제로는 투탕카멘의 무덤에 후계자로서 매장되었다.

(호르엠헤브?)

투탕카멘의 치세에서는 아이와 함께 숨은 실력자로 군림했다. 왕가의 혈통이 아니지만 왕좌를 노렸다는 사실은 확실해서 아이 다음에 왕이 되었다.

(앙케센 아멘?)

아이와 공모해서 암살했다는 설이 있다. 투탕카멘이 사망한 후에 히타이트 왕에게 왕자 중 한 사람을 자신의 남편으로 삼게 해달라고 요청하는 서간을 보냈다는 점에서 암살을 계획했다는 설도 있다.

세기의 대발견이라 일컬어지는 투탕카멘 무덤의 발견

1922년 11월 4일, 고고학자 하워드 카터가 투탕카멘의 무덤을 발견했다. 거의 도굴되지 않은 무덤이 발견된 것은 처음이었기 때문에 숨어 있던 수많은 호화 부장품이 상상을 초월한 고대 이집트의 재력을 보여줬다. 무엇보다 아비도스나 사카라 등의 왕명표 덕분에 말살되었던 투탕카멘의 존재가 확실히 드러났다.

하워드 카터 발견까지의 여정

하워드 카터(1874~1939년)

1874년	영국 켄싱턴에서 동물 화가의 아들로 태어났다.
1891년	이집트 탐사 재단의 데생 화가로서 1899년까지 베니 하산의 발굴에 참가했다.
	당시에 이름 높은 이집트 고고학자였던 플린더즈 피트리의 텔 엘 아미르나 발굴 조사에도 동행했다.
1893년	데생 화가로서 데이르 엘 바흐리의 발굴에 참가하고 1899년까지 발굴을 수행했다.
1899년	이집트의 고고국 사찰관에 취임하고 이집트 유적 조사를 했다.
1905년	프랑스인 관광객과 다툼을 일으켜 고고국 사찰관을 사임했다.
	사임 후에도 이집트에 머물며 관광 가이드 등으로 생계를 유지하면서 발굴 기회를 엿봤다.
1908년	영국 귀족 카나번 경의 원조를 받게 되면서 왕가의 계곡 발굴을 목표로 삼았다.
1914년	왕가의 계곡 발굴권을 쥐고 있던 미국인 자본가이자 변호사 시어도어 데이비스가 발굴권을 포기했고, 카터와 카나번 경이 발굴권을 따냈다.
	제1차 세계대전이 발발하여 발굴이 중단되었다.
1917년	왕가의 계곡에서 발굴을 재개했다.
1921년	큰 성과를 얻지 못하자 카나번 경은 발굴을 중지하자는 이야기를 꺼낸다. 카터는 카나번 경을 설득하고 한 시즌만 더 발굴할 수 있게 됐다.
1922년	투탕카멘 무덤을 발견했다. 전 세계의 주목을 받고 고대 이집트에 대한 관심도 높아졌다.
1923년	카터가 투탕카멘 발굴 작업을 계속해서 진행하던 중에 카나번 경이 사망해 투탕카멘의 저주라며 화제가 되었다.
1932년	무덤 발굴로부터 10년, 카터는 무덤 발굴 작업을 마쳤다.
1939년	카터는 영국에서 사망했다.

별실(곁방)

발견자 카터는 이곳에 장례용 공물이나 향유, 와인 항아리, 침대 틀 등 다양한 것이 들어 있는 것으로 보아 일반적인 매장실에 인접한 측실이 아닐까 추측했다.

전실(앞방)

매장실 앞에 있는 방에는 왕의 전차나 예배용 침대, 매장실로 가는 봉인문을 지키고 있던 사람 크기의 조각상 등 많은 물품들이 들어 있었다.

매장실

왕이 잠들어 있는 곳. 나무로 된 궤가 방을 차지하고 궤 안에는 석관, 인형관(사람 모양을 한 관-옮긴이)에 투탕카멘의 미라가 잠들어 있었다. 이 방만 유일하게 장식되어 있고 사방의 벽에는 신들과 사후 세계 등이 그려져 있다.

보물의 방

투탕카멘의 내장을 넣은 4개의 작은 관이 들어 있던 큰 카노푸스 단지, 장송과 관련된 주술적 조각상 등이 있었으며 투탕카멘의 딸로 보이는 미라 2구도 발견되었다.

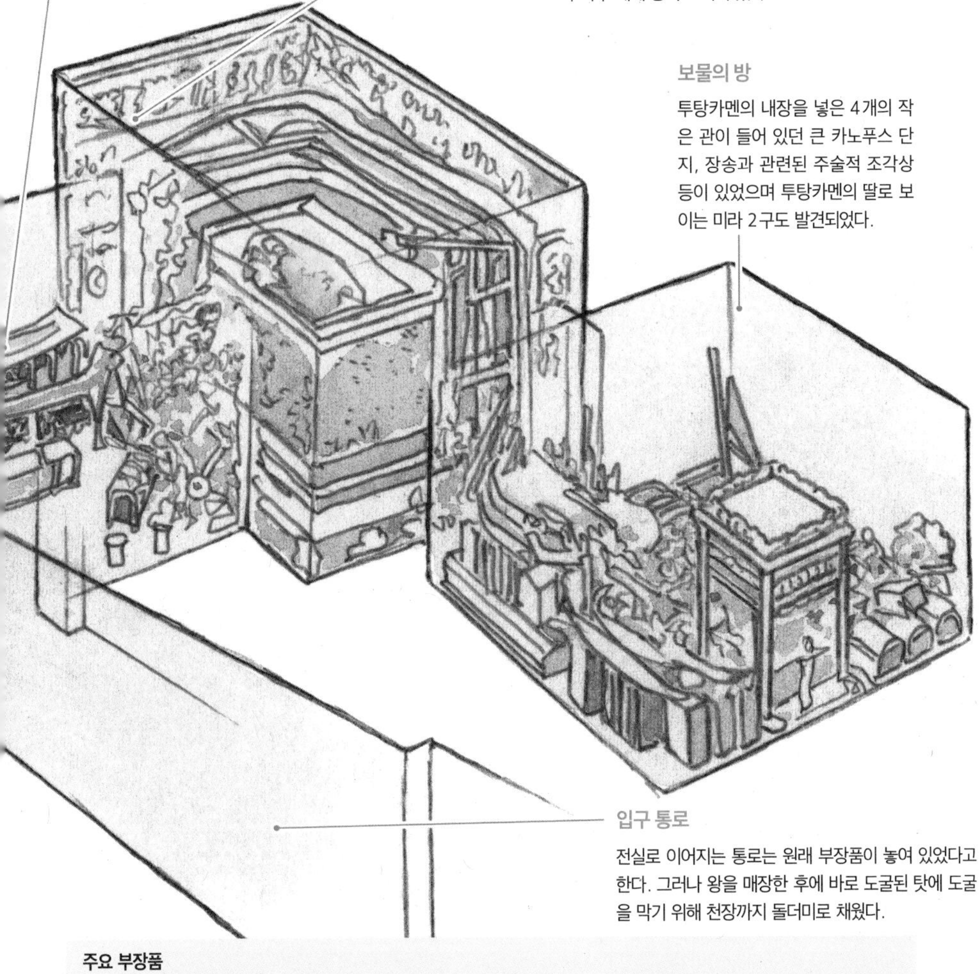

입구 통로

전실로 이어지는 통로는 원래 부장품이 놓여 있었다고 한다. 그러나 왕을 매장한 후에 바로 도굴된 탓에 도굴을 막기 위해 천장까지 돌더미로 채웠다.

주요 부장품

- 왕이 걷는 모습이나 표범에 탄 모습을 나타낸 조각상
- 아텐 신, 이시스 여신 등 신들의 조각상
- 샤브티 조각상
- 예식용 침대
- 활
- 의복
- 장갑
- 샌들
- 유리로 된 베개
- 침대
- 모형 배
- 펜던트 등의 장신구
- 화장이나 수염 깎기 도구
- 거울과 거울집
- 게임판
- 악기
- 필기도구
- 투봉
- 지팡이
- 질부채

겹겹이 싸여 미라를 지키는 관

투탕카멘의 미라는 엄중하게 보호되어 있었다. 먼저 가장 바깥쪽은 금박을 입힌 나무상자가 덮고 있고, 그 안에 규암으로 만든 뚜껑과 화강암으로 만든 석관이 들어 있었다. 석관 안에는 인형관이 누워 있었고 세 겹으로 된 인형관을 열면 황금 가면을 쓴 투탕카멘의 미라가 나타난다.

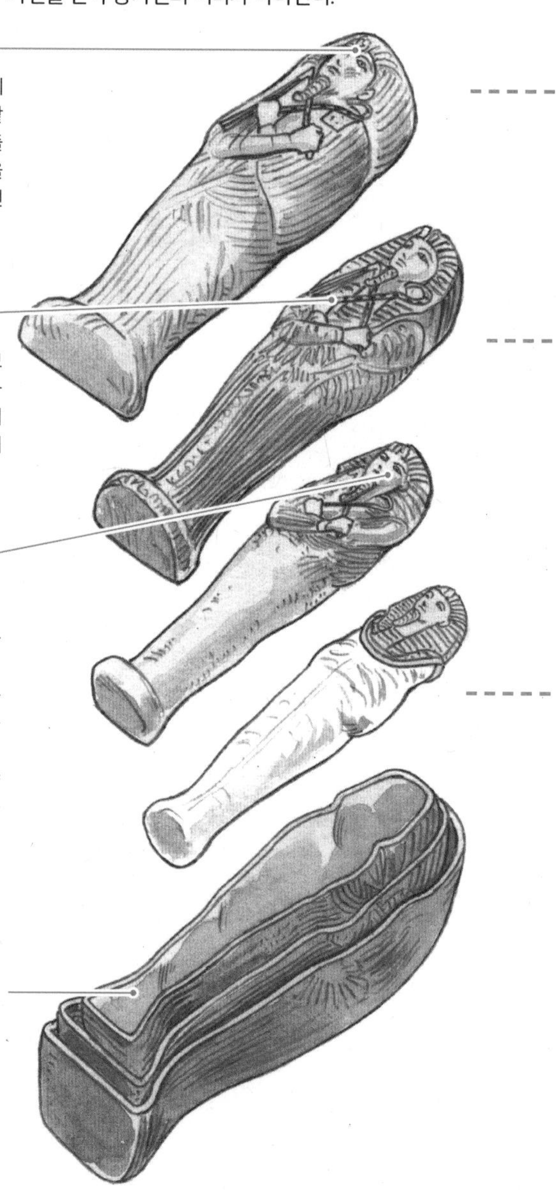

제1인형관

나무로 만든 관에 금박을 입혔다. 관은 마트료시카 인형처럼 겹겹이 싸여 있는데, 그중 가장 바깥쪽에 있는 것이다. 현재는 이 인형관에 미라가 들어가 안치되어 있다. 관에는 오시리스 신의 모습을 한 왕의 모습이 그려져 있다. 그밖에 이시스 여신과 네프티스 여신의 모습도 볼 수 있다.

제2인형관

이것도 금박을 입힌 목제관. 전체적으로 깃털 모양으로 덮여 있는 것이 특징이다. 제1관과 마찬가지로 왕의 모습이 그려져 있는데, 더 호화로워서 라피스 라줄리나 흑요석, 색유리 등으로 장식되어 있다.

제3인형관

무게 110.4kg의 순금관. 오시리스 신의 모습을 한 왕의 이마에는 상하 이집트 왕권의 상징인 대머리수리와 코브라가 표현되어 있다. 다양한 보석이나 유리로 꾸며져 있고 관의 목 부근에는 목걸이가 놓여 있었다. 아주 훌륭한 황금관인데, 발견 당시에는 이 관의 모습을 보기까지 상당히 고생했다. 향유가 대량으로 뿌려져 있었는지 제2관과 이 관 사이에는 향유가 딱딱하게 굳어 있었다.

세 겹으로 된 관은 날개를 펼친 누트 여신 등이 새겨진 석관에 들어 있었다. 그러나 석관에는 원래 쓰여 있던 글자를 깎아낸 흔적이 있어서 누군가의 것을 다시 썼다는 사실을 알 수 있다. 석관은 또 네 겹으로 된 사당 안에 들어 있었다.

제2인형관은 제1, 제3인형관과 생김새가 다르다

제1, 제3인형관과는 확연히 표정이 다른 제2인형관. 사실 제2관은 스멘카레를 위해 만들어진 것인데 갑자기 투탕카멘 용으로 쓰게 된 것이 아닐까 추정하고 있다.

좁은 턱이나 전체적으로 부드러운 인상을 주는 생김새 등은 제3관이나 황금 가면으로도 이어지는 분위기가 있다.

제1관과 비교하면 이목구비가 뚜렷한 생김새에 각진 윤곽 등 늠름한 느낌이 든다. 다른 관의 가면과는 인상이 완전히 달라서 다른 사람이 아닌가 할 정도로 차이가 있다.

미라의 장식과 황금 가면

제3인형관 아래에 잠든 것은 투탕카멘의 미라. 머리에 쓰고 있는 무게 10.23kg의 황금 가면은 투탕카멘 왕의 용모를 충실히 전달한다고 한다. 그 외에도 몸에 차고 있던 장식품이나 부적 등이 170여 점이나 된다.

신왕국 시대

제19왕조

고대 이집트 최고의 파라오

람세스 2세

생기발랄한 모습으로 표현된 람세스 2세. 제18왕조 즈음부터 사용한 청관을 쓰고 있다. 당시 파란색은 명예로운 색이었다.

DATA

호루스명	카나크트 메리마아트 외 26개
즉위명	우세르마아트라 세데프엔라
탄생명	람세스
재위	기원전 1279~ 기원전 1212년경
매장지	왕가의 계곡·KV7
히에로글리프	

우세르마아트라 세데프엔라

람세스

제18왕조의 마지막 왕은 왕가의 혈통이 아닌 군인 출신 호르엠헤브였다. 호르엠헤브가 그의 부하 장군 중에서 재상을 후계자로 지명했는데, 그가 파람세스(람세스 1세)였다. 제19왕조의 시작이었다.

제19왕조에서는 적극적으로 원정을 떠났다. 2대째인 람세스 2세는 고대 이집트 사상 최고의 파라오로 명성이 자자하다. 그의 치세는 66년 10개월로 기간이 확실히 알려진 파라오 중에서는 가장 긴 재위 기간을 자랑한다. 그의 치세 기간에 지어진 건축물과 그가 남긴 자손의 수에서도 그를 능가하는 파라오는 없다.

그러나 그의 위업으로 가장 손꼽히는 것은 대국 히타이트와의 전쟁이다. 대외정책에 열심이었던 람세스 2세는 치세 5년째에 총 2만 명이라는 이집트 사상 최대 규모의 병사들을 소집해서 히타이트와 전쟁을 일으켰다. 이것을 '카데시 전투'라 부르며 여러 신전에 무용전이 기록되어 있다.

실제로는 승패가 갈리지 않았지만, 몇 년 후에 양국 사이에 세계 최초로 평화조약을 맺었다는 것은 위대한 업적이라고 할 만하다.

역대 파라오 중에서도 눈에 띄게 건축물이 많다

람세스 2세는 자신의 무덤이나 큰 규모를 자랑하는 장례신전(라메세움) 외에도 각지에 건축물을 세웠다. 뿐만 아니라 자신의 계통과는 관계가 없는 선왕들의 조각상에 자신의 이름을 새겨 넣어서 다시 썼다. 그 때문에 그와 관련된 건축물은 어마어마해서 이집트에 현존하는 고대 신전 중 약 절반에 이를 정도이다. 특히 아부심벨 신전이 유명하다. 벼랑을 깎아서 만든 두 신전으로 이루어져 있으며 정면 입구에는 높이 20m의 람세스 대좌상이 늘어서 있다.

라메세움(136쪽)

미라 조사로 알게 된 것

90세 정도에 사망했다는 람세스 2세의 미라는 1881년에 데이르 엘 바흐리에서 발견되었다. 미라를 조사했더니 키는 173cm에 상당히 다부진 체격이었을 것으로 추측되는데, 관절염이나 동맥경화, 중증의 치조농루증(치주질환의 하나)을 앓았다는 사실이 밝혀졌다.

높은 코가 특징적이다. 미라의 코는 붕대를 감기 때문에 납작해지기 쉬운데, 람세스 2세의 미라는 미라 장인이 후추 열매를 코 안에 채운 덕분에 오늘날까지 형태가 남아 있다.

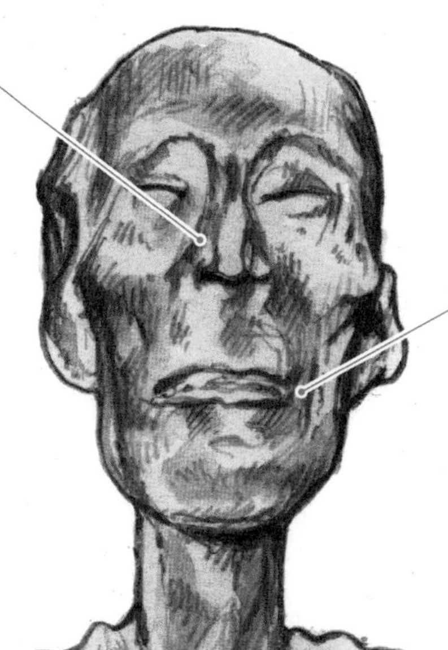

입 안에 채워진 수지를 제거했더니 치조농루증을 앓고 있었던 사실이 판명되었다. 치통이나 그에 따르는 두통도 있었을 것으로 추측된다. 빠진 이도 있었다고 한다.

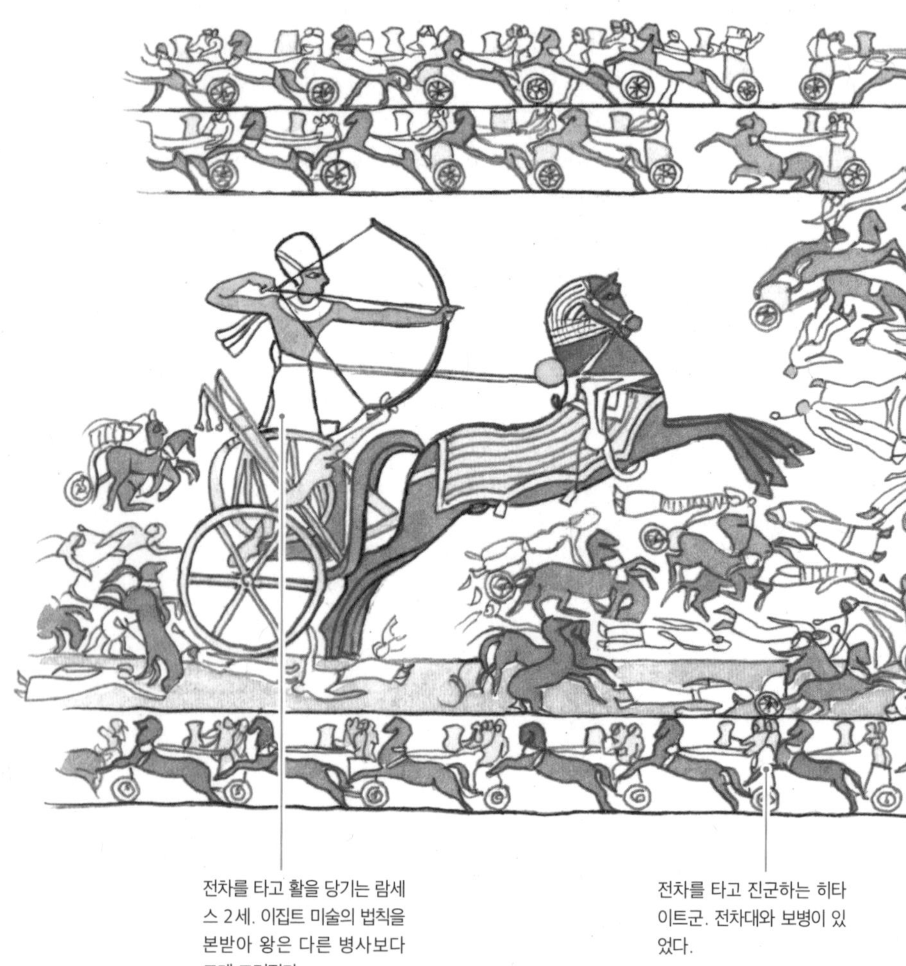

전차를 타고 활을 당기는 람세스 2세. 이집트 미술의 법칙을 본받아 왕은 다른 병사보다 크게 그려졌다.

전차를 타고 진군하는 히타이트군. 전차대와 보병이 있었다.

세계에서 가장 오래된 국제 조약을 맺은 카데시 전투

기원전 1275년, 아시아 침략의 요지였던 카데시를 함락시키기 위해 이집트군과 히타이트군이 싸운 '카데시 전투'. 과거 최대 규모의 병사를 이끌고 전투에 나선 이집트군이었지만, 히타이트의 전략에 말려들어 위기에 빠진다. 그러나 람세스 2세는 용감하게도 공격에 나온 적을 베어 넘겼다. 그 모습을 본 히타이트가 화친을 요청했다. 이것이 이집트 쪽의 기록인데, 실제로는 히타이트가 우세했으며 이집트는 화친에 응하지 않고 철수했다고 한다. 그 후 양국은 몇 번 더 싸웠지만 균형 상태가 이어지면서 그 이상은 무의미하다고 생각했는지 평화 조약을 맺게 되었다.

장례신전 제2탑문에 그려진 부조. 람세스 2세군과 히타이트군의 격돌 장면을 그렸다. 그림에는 카데시 전투에서 승리했다고 묘사되어 있지만, 실제로는 히타이트군을 제압하지 못했다.

성벽으로 둘러싸인 카데시. 오론테스강은 실제로 카데시를 감싸 흐르고 있다.

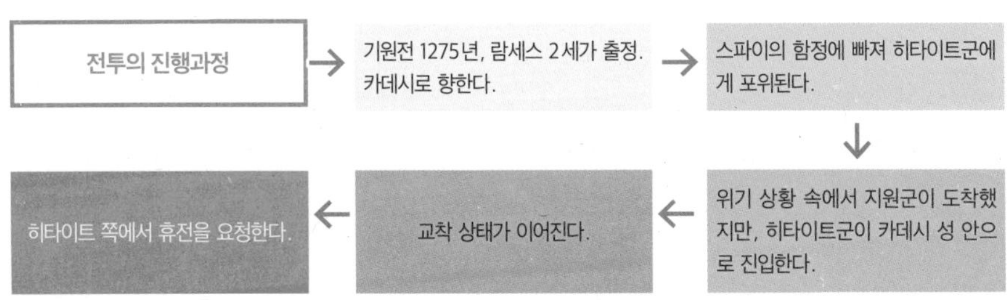

전투의 진행과정
기원전 1275년, 람세스 2세가 출정. 카데시로 향한다.
스파이의 함정에 빠져 히타이트군에게 포위된다.
위기 상황 속에서 지원군이 도착했지만, 히타이트군이 카데시 성 안으로 진입한다.
교착 상태가 이어진다.
히타이트 쪽에서 휴전을 요청한다.

신왕국 시대

제20왕조

신왕국 시대의 마지막 대왕

람세스 3세

DATA

호루스명	카나크트 아아네시트 외 17개
슥위명	우세르마아트라 메리아멘
탄생명	람세스
재위	기원전 1183~ 기원전 1152년경
매장지	왕가의 계곡·KV11
히에로글리프	

우세르마아트라 메리아멘

람세스

화강암으로 만들어진 조각상으로 원래는 채색이 되어 있었을 가능성도 있다고 한다.

왕의 양쪽 옆구리에는 세트 신과 호루스 신의 조각상을 세워 왕을 수호하도록 했다.

바다 민족이 탄 군선은 선수와 선미가 수직으로 서 있다.

공격하는 이집트군. 바다 민족은 펠레세트족과 셰르덴족의 연합군이었다.

격투를 펼쳐 바다 민족을 격퇴

람세스 3세와 바다 민족의 전투는 람세스 3세의 장례 신전 벽면에 기록되어 있다. 바다 민족이란 이민족 집단인데, 경제적으로 풍족한 이집트에 자리를 잡을 목적으로 침공했다. 왕은 이 침입자를 추방하는 데 성공했다.

람세스 2세 이후에 지중해 지역의 정세가 불안정해지면서 이집트도 리비아인이나 '바다 민족'이라 불리는 이민족들에게 침략을 당하는 혼란의 시대로 들어간다. 국력마저 쇠퇴하고 있었던 상황에서 유일하게 그에 맞서 활약했던 사람이 제20왕조 2대 왕인 람세스 3세이다.

그가 꿈꾸던 모습은 람세스 2세였다. 혈연관계는 없었다고 추측되는데, 람세스 2세가 세운 장례신전(라메세움)을 본보기로 자신의 장례신전(메디넷 하부)을 세우고 람세스 2세처럼 용감하게 침략자와 싸웠다. 그 기록 역시 그 장례신전 벽에 남아 있다.

람세스 3세는 세 번 큰 전쟁을 치렀다. 치세 5년에 서삼각주에 침입한 리비아인을 상대로, 치세 8년에는 '바다 민족'을 상대로, 그리고 치세 11년에 다시 리비아인을 상대로. 세 번 모두 승리해서 침략을 막아냈던 그는 후세에 이집트의 마지막 대왕으로 칭해졌다.

그러나 그런 영웅도 말년에는 통솔력이 약해져 나라가 어지러워졌다. 정부 관료의 부정으로 무덤을 만든 보수를 지불하지 않아 인류 사상 처음으로 파업이 일어난 것도 이 시기이다. 게다가 왕궁 내에서는 왕의 암살 계획이 세워졌다.

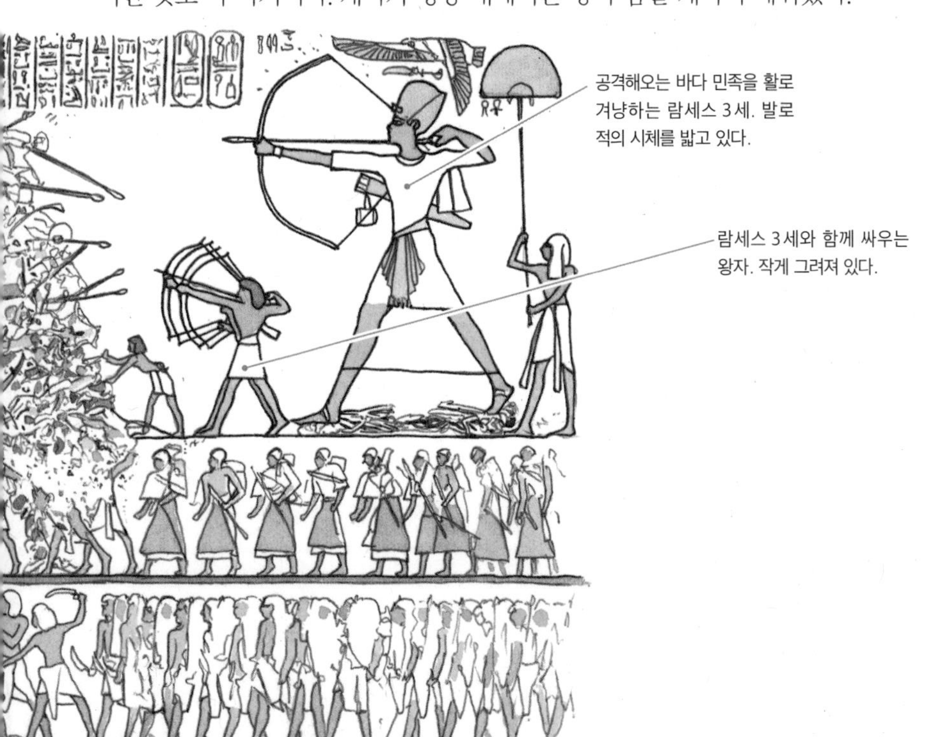

공격해오는 바다 민족을 활로 겨냥하는 람세스 3세. 발로 적의 시체를 밟고 있다.

람세스 3세와 함께 싸우는 왕자. 작게 그려져 있다.

보수를 지불하지 않아 장인들의 불만이 높아지고 최초의 파업이 일어나다

장인들의 집합 주택
데이르 엘 메디나.

데이르 엘 메디나에는 '왕가의 계곡'의 무덤을 만드는 전문 장인들이 모여 살고 있었다. 그들은 급료로 나라에서 식량을 지급받았는데, 람세스 3세 치세 29년에 급료 지급이 여러 번 지연되자 장인들은 마침내 일손을 놓아버렸다. 이것이 사실상 세계 최초의 파업이다. 급료가 밀리는 일은 국고 부족 때문이 아니라 관료들의 부정이 원인이었던 것으로 보이며, 그 후에도 몇 번 더 파업이 일어났다.

암살 미수를 증명한 왕의 미라

람세스 3세의 말년에는 왕의 암살 미수 사건이 일어났다. 주범은 둘째 왕비 티예. 아들 펜타와레트(Pentawere)를 왕위에 앉히기 위함이었다고 한다. 왕은 주모자와 공모자가 재판받는 동안에 사망한 것으로 보아 사건에서 입은 부상이 치명상이었던 것으로 추측된다. 그러나 1881년에 미라를 발견했던 연구진은 외상이 없었다고 보고 암살은 미수에 그쳤다고 판단했다. 그런데 최근 조사에서는 목에 깊은 상처가 발견되어 다시 암살설이 유력해지고 있다.

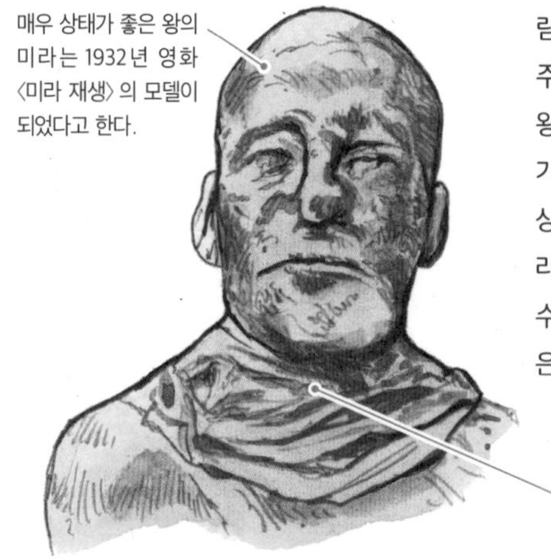

매우 상태가 좋은 왕의 미라는 1932년 영화 〈미라 재생〉의 모델이 되었다고 한다.

최근의 컴퓨터 단층촬영(CT) 조사에서는 목에 깊은 상처가 있었다는 사실이 밝혀졌다.

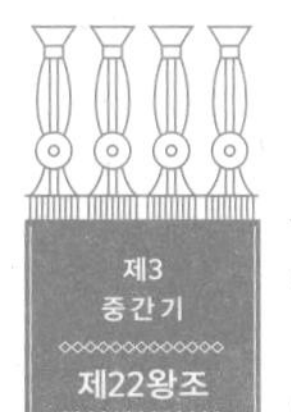

제3 중간기
제22왕조

이집트를 재통일한 리비아계 왕

셰숑크 1세

나일강 삼각주 북동부의 타니스에서 발견된 셰숑크 1세의 스핑스크 조각상.

DATA

호루스명	카나크트 메리라 세카에프엠 네수에르세마타위
즉위명	헤지케페트라 세트페엔라
탄생명	셰숑크
재위	기원전 946~ 기원전 925년경
매장지	타니스
히에로글리프	

헤지케페트라 세트페엔라

셰숑크

제21왕조에서는 다시 아멘 신의 사제들이 힘을 키워 이집트는 북쪽과 남쪽으로 나뉘는 분열 상태에 빠졌다. 이에 따라 하 이집트는 왕이, 상 이집트는 아멘 대사제들이 지배했다. 그런 이집트를 다시 통일하고 주위에 힘을 뽐낸 사람이 제22왕조 초대 왕인 셰숑크 1세이다.

제22왕조는 리비아 왕조라 불리는 것처럼 셰숑크 1세에게는 리비아인 용병 대장의 피가 흐르고 있었다. 예전에는 적으로 여겨지던 리비아인이지만, 전 왕조 시대 때부터 많은 리비아인이 용병 등으로 이집트에 자리 잡고 있었을 가능성이 크고, 셰숑크 1세도 리비아인과 이집트인의 피를 이어받은 일족의 출신이다. 선왕의 딸과 결혼하여 군의 총사령관을 맡은 적도 있어 왕조를 수월하게 이어받은 듯하다.

셰숑크 1세는 자신의 아들을 아멘 대사제의 지위에 올려 분열되었던 이집트를 재통일했다. 나라 안이 안정되도록 하고 예전에 이집트 땅이었던 곳을 탈환하고자 했다. 그리고 기원전 925년, 유다 왕국과 이스라엘 왕국이 전쟁을 일으킨 틈을 타 공격에 들어가 큰 승리를 거두었다. 그 모습은 《구약성서》에도 기록되어 있다. 그러나 영광도 잠시, 왕조 후반에 나라는 다시 분열되었다. 그 후에 중앙 집권의 힘이 약해지자 각지에서 힘 있는 사람들이 스스로 왕이라고 나서면서 혼란은 더 심해졌다.

프톨레마이오스 왕조

고대 이집트 왕국의 마지막 지배자·여왕

클레오파트라 7세

DATA

호루스명	웨레네트 네브트 네페루 아케트 세흐
탄생명	클레오파트라
재위	기원전 51~기원전 30년
히에로글리프	

클레오파트라

머리의 대머리수리와 코브라 조각상은 고대 이집트의 왕권을 상징. 이집트의 지배자를 나타낸다.

클레오파트라 시대에 제작된 여왕의 조각상은 적어서 이 흑색 현무암 조각상은 귀중한 예이다.

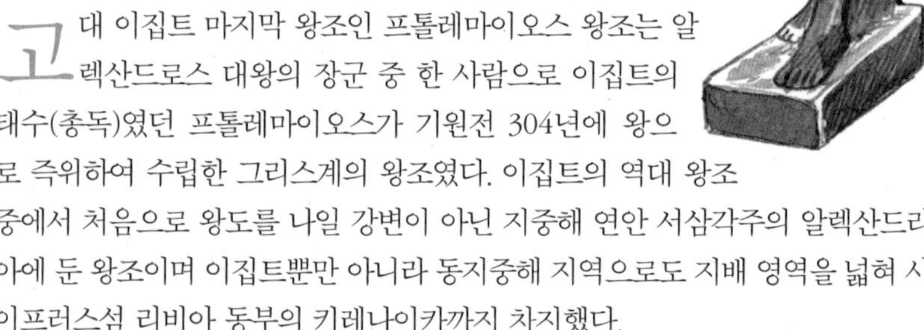

고대 이집트 마지막 왕조인 프톨레마이오스 왕조는 알렉산드로스 대왕의 장군 중 한 사람으로 이집트의 태수(총독)였던 프톨레마이오스가 기원전 304년에 왕으로 즉위하여 수립한 그리스계의 왕조였다. 이집트의 역대 왕조 중에서 처음으로 왕도를 나일 강변이 아닌 지중해 연안 서삼각주의 알렉산드리아에 둔 왕조이며 이집트뿐만 아니라 동지중해 지역으로도 지배 영역을 넓혀 사이프러스섬 리비아 동부의 키레나이카까지 차지했다.

프톨레마이오스 1세와 프톨레마이오스 2세의 지휘하에 새로운 수도 알렉산드리아 건설이 이루어졌다. 헬레니즘 시대의 학예 중심 도시로서 인구도 50만 명이나 되며 번성했다. 세계의 7대 불가사의 중 하나인 알렉산드리아 거대한 등대도 존재했다. 그러나 기원전 2세기에는 카르타고를 무찌른 로마가 강대해지면서 클레오파트라 7세는 로마의 영웅 카이사르와 긴밀한 관계를 맺어 이집트 왕국이 다시 부흥하도록 꾀했다. 카이사르가 사망한 후에 클레오파트라 7세는 로마의 군인 안토니우스와 새로 연합을 맺고 옥타비아누스가 이끄는 로마군과 대결하지만 기원전 31년에 악티움 해전에서 패하고 이듬해인 30년에 스스로 목숨을 끊었다. 그리고 왕국은 멸망했다.

카이사르와 안토니우스, 로마의 두 영웅

총명해서 7개국의 언어를 할 줄 알았던 클레오파트라 7세는 로마의 영웅 카이사르의 마음을 사로잡았다. 카이사르를 뒤에서 지원하며 이집트의 지배자가 된 그녀는 둘 사이에 아들 카이사리온을 두었다. 카이사르가 세상을 떠난 후에는 안토니우스와 연합해서 옥타비아누스가 이끄는 로마군과 맞서지만, 기원전 31년에 악티움 해전에서 패하고 결국 이듬해인 30년에 클레오파트라 7세는 자살로 최후를 맞이했다.

클레오파트라 7세와 안토니우스가 그려진 동전. 후세에 그려진 것이 아니며 여왕 시대의 초상은 왼쪽의 조각상이나 아래의 부조, 그리고 이 동전 정도밖에 없다.

프톨레마이오스 왕조의 최후와 네 아이들

클레오파트라 7세에게는 4명의 자녀가 있었다. 카이사르와 사이에 태어난 아들 카이사리온은 처형을 받았지만, 세 자녀는 로마로 보내져 안토니우스의 넷째 아내였던 소(小) 옥타비아가 맡았다. 그 후 두 아들의 운명은 밝혀지지 않았지만, 클레오파트라 세레네 2세는 현재의 알제리에 존재했던 고대 마우레타니아 왕국의 유바 2세와 결혼하여 왕비가 되었다.

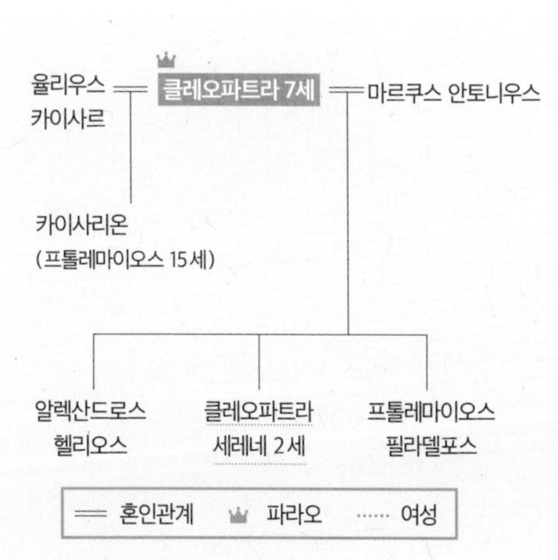

덴데라의 하토르 신전에 그려진 부조. 클레오파트라 7세와 카이사리온이 신에게 공물을 바치고 있다.

한 걸음 더 | 고대 이집트학의 공로자 ①

벨초니

조반니 바티스타 벨초니(1778~1823년) (1778 ~ 1823年)

짧은 기간 동안 놀랄 만한 성과를 남긴 모험가

이탈리아인 탐험가. 이탈리아 북부 파도바 출신. 기계공학 전문가였던 지식을 살려 이집트에서 고고학 연구와 미술품 수집 일을 했다. 1798년에 로마를 나와 해외로 이주했다. 1803년에는 영국으로 건너갔다. 2m가 넘는 거구였던 탓에 한때는 유랑 서커스단의 일원으로 일하기도 했다. 1812년에 영국을 떠나 각지를 여행한 후에 이집트로 관개용 양수기를 팔러 가지만 실패로 끝났다. 그러나 1816년에 영국의 총영사 헨리 솔트에게 고용되어 1819년까지 영국을 위해 이집트의 고고학 연구와 미술품 수집에 종사했다. 이집트에 있었던 기간은 매우 짧았지만, 그동안에 이집트의 다양한 유적을 발굴하는 데 놀랄 만한 공적을 남겼다.

1817년에는 처음으로 아부심벨 신전의 내부에 들어가는 데 성공했다. 게다가 테베 서안에 있는 왕가의 계곡에서는 세티 1세의 왕릉을 발견하고 매장실에 놓여 있던 석관을 영국으로 보냈다. 또한 영국 박물관에 전시하기 위해 '젊은 멤논'이라 불리던 람세스 2세의 무게 7t이나 되는 화강암 흉상을 라메세움에서 꺼내 옮겼다. 이듬해인 1818년에는 기자에 있는 카프레 제2 피라미드 내부에 처음으로 들어갔다.

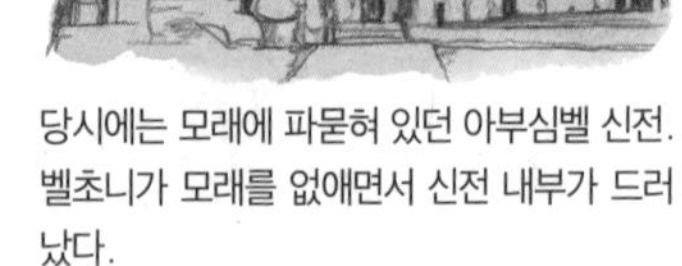

당시에는 모래에 파묻혀 있던 아부심벨 신전. 벨초니가 모래를 없애면서 신전 내부가 드러났다.

세티 1세 왕묘를 발견하고 매장실의 석관을 영국으로 보냈다. 벨초니 시대에 유럽의 박물관에서는 고대 이집트의 유물을 수집하는 것이 유행이었기 때문에 많은 사람들이 이집트를 찾았다. 벨초니는 그런 인물 중 한 사람이었다.

고대 이집트의 매장 시설

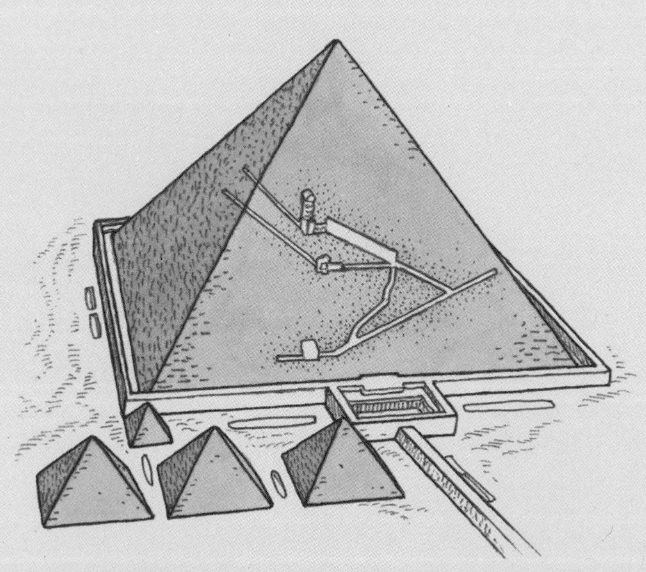

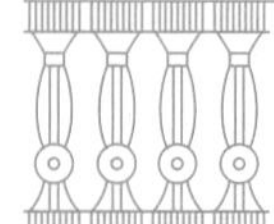

무덤이자 권위의 상징

피라미드란 무엇인가?

고대 이집트 하면 피라미드가 떠오른다. 사각뿔 모양의 거대한 건축물은 고대 이집트의 상징이라고 할 수 있다. 피라미드는 기본적으로 '왕의 무덤'으로 지어졌다. 가장 오래된 계단 피라미드는 죽은 왕의 영생과 부활을 북반구 주극성에 기원한 기념비적인 건축물이었다. 왕의 영생과 함께 강대한 왕권을 과시하기 위한 목적도 갖고 있었다.

제4왕조가 되자 피라미드는 태양신앙의 상징적인 건축물로서 축제의 장치이기도 했다. 태양신앙의 중심지 헬리오폴리스(고대 이집트어로는 이우누, 카이로 시내의 알 마타리아 지구에 있었다)의 대사제를 스네프루(26쪽)가 맡게 되면서 왕가와 태양신앙은 지극히 밀접한 관계가 되었다. 피라미드는 계단 모양에서 단면이 이등변삼각형인 일반형 피라미드가 되었고, 태양광선을 상징하는 형태가 되어 동쪽 지평선에서 영원함을 의미하는 태양의 일출로 영생과 부활을 상징했던 것이다.

부속 피라미드
초기의 남쪽 무덤이 발전한 것이라고 하는데, 왕비의 피라미드도 있다.

하안 신전
나일강의 물이 드나드는 운하 부근에 지어졌다.

장례신전
피라미드보다 동쪽에 지어진다. 태양의 영원함을 나타내기 위해 장례신전은 해가 뜨는 동쪽에 배치했다.

참배길
하안 신전에서 피라미드로 향하는 오르막길. 왕의 유해는 나일강을 건너 서안으로 옮겨졌다.

일반형 피라미드의 장례 복합체
제4왕조 이후에 만들어진 일반형 피라미드의 장례 복합체. 흔히 '피라미드 복합체'라고 한다. 피라미드는 일출 방향인 동쪽을 바라보는 위치로 만들어졌다. 피라미드 본체, 장례신전, 참배길, 하안 신전과 직선상에 놓여 있다. 일출 때의 태양 빛을 피라미드 정면에서 받는 형태를 취했다.

피라미드는 하나로 이루어진 것이 아니다
두 개의 피라미드 복합체

피라미드는 그 상징적인 사각뿔 건축물만 존재하는 것이 아니다. 주벽이나 장례신전 등과 함께 세트로 구성되었다. 이를 피라미드 복합체라고 부른다. 계단 피라미드는 남북을 축으로 해서 북향 건축물로, 광대한 주벽 내부에 다양한 시설을 설치했다. 한편 일반형 피라미드는 동서를 축으로 한 동향 건축물로 일출을 의식해서 지어졌다.

계단 피라미드의 장례 복합체

제3왕조인 네체리케트 왕의 계단 피라미드는 남북으로 주축선을 가지는 북향 건축물이다. 피라미드 본체의 북쪽에 장례신전이 자리하고, 거듭되는 설계 변경 끝에 남북 545m, 동서 227m의 크고 넓은 주벽으로 둘러싸였다.

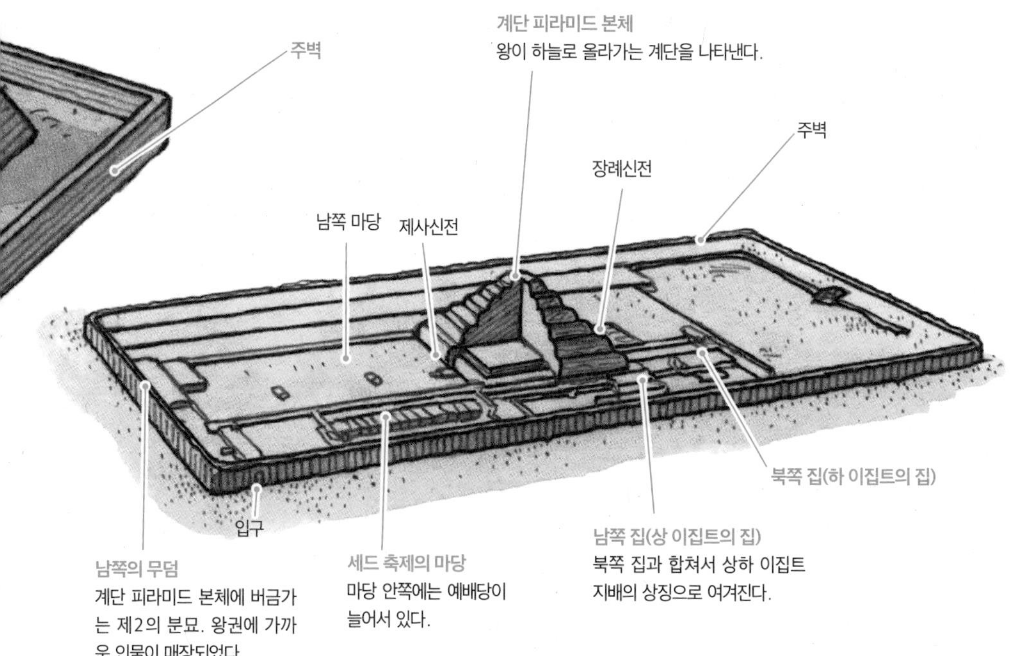
피라미드 본체
태양광선을 돌로 표현.
주벽
계단 피라미드 본체
왕이 하늘로 올라가는 계단을 나타낸다.
주벽
장례신전
남쪽 마당
제사신전
북쪽 집(하 이집트의 집)
입구
남쪽의 무덤
계단 피라미드 본체에 버금가는 제2의 분묘. 왕권에 가까운 인물이 매장되었다.
세드 축제의 마당
마당 안쪽에는 예배당이 늘어서 있다.
남쪽 집(상 이집트의 집)
북쪽 집과 합쳐서 상하 이집트 지배의 상징으로 여겨진다.

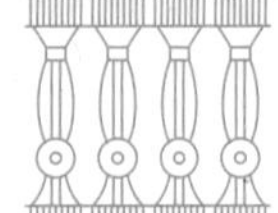

왕도 가까이에 집중해서 건설

피라미드의 분포

가장 오래된 네체리케트의 계단 피라미드는 왕도인 멤피스의 서쪽 사카라에 만들어졌다. 이 땅은 초기왕조 시대의 대형 마스타바가 자리해서 왕의 무덤을 만들 때 중요한 장소였다. 네체리케트의 계단 피라미드 이후로 이집트에서 만들어진 피라미드의 수는 100개 이상이다. 특히 이 피라미드들은 3대 피라미드로 유명한 기자 지역이나 아부시르, 사카라, 다슈르, 메이둠 지역 등 파이윰 지방 이북에 집중되어 있다. 여기에는 지형적인 이유가 있는데, 이곳이 하안단구 위의 넓고 평탄한 암반이 있는 장소이기 때문이다.

아부 라와시, 기자, 아부시르 지역의 피라미드들은 태양신앙의 중심지인 헬리오폴리스를 의식해서 만들어졌는데, 대부분은 왕이 거주하는 왕궁과 나일강을 끼고 마주 보는 서안에 위치한다. 중왕국 시대 제12왕조는 수도를 남쪽 테베에서 북쪽 잇타위(현재의 엘 리슈트 부근)로 천도하면서 피라미드는 엘 리슈트나 다슈르, 파이윰 지역에 건설되었다.

기자

가장 저명한 쿠푸의 피라미드를 포함한 3대 피라미드가 있는 지역.

주요 피라미드
- 쿠푸의 대피라미드
- 카프레의 피라미드
- 멘카우레의 피라미드

아부시르

아부시르에는 제5왕조 시대 파라오들의 피라미드가 있다. 피라미드와 함께 태양신전도 나타났다.

주요 피라미드와 관련된 시설
- 우세르카프의 태양신전
- 니우세르레의 태양신전
- 니우세르레의 피라미드

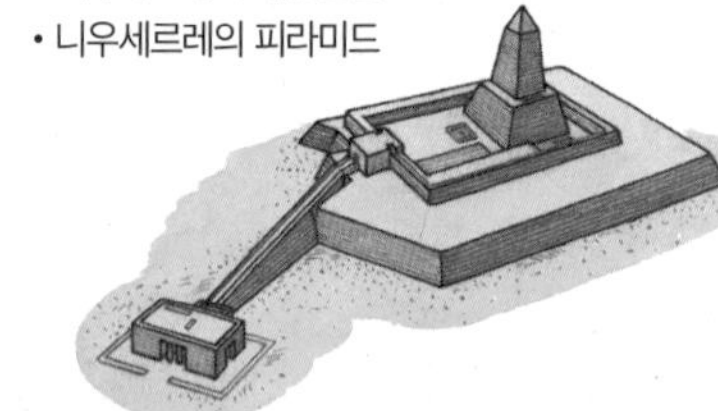

메이둠

스네프루의 첫 피라미드 '무너진 피라미드'가 있다. 주변에는 개인 묘지가 널리 펼쳐져 있는데, 그것들은 스네프루 시대의 왕족이나 고위 관료의 무덤으로 추측된다.

주요 피라미드
- 스네프루의 무너진 피라미드

피라미드의 분포도

피라미드는 나일강의 삼각주 지역 남쪽에 집중되어 있다. 그러나 다흘라나 테베 북쪽의 툭 등에서도 몇 개가 발견되었다.

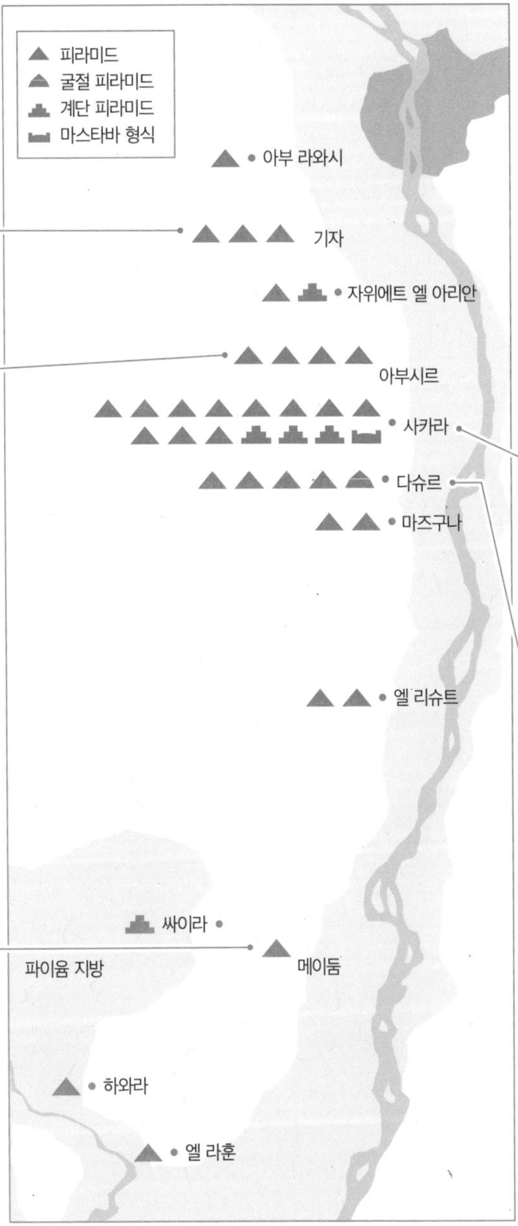

피라미드
굴절 피라미드
계단 피라미드
마스타바 형식
아부 라와시
기자
자위에트 엘 아리안
아부시르
사카라
다슈르
마즈구나
엘 리슈트
싸이라
파이윰 지방
메이둠
하와라
엘 라훈

나일강 삼각주
왼쪽 지도는
이 부분을
확대한 것.
다흘라
나일강
아비도스
툭
테베

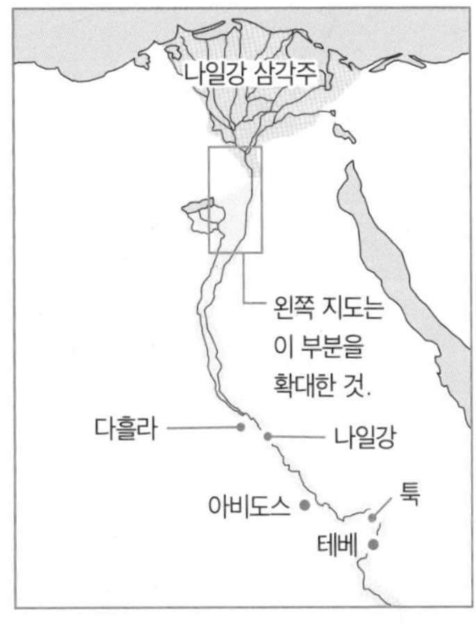

사카라

네체리케트의 계단 피라미드를 비롯해 고왕국 시대에 많은 피라미드가 지어졌다. 웅장하고 규모가 큰 고위 관료의 무덤도 많다.

주요 피라미드와 관련 시설

- 네체리케트의 계단 피라미드
- 셉세스카프의 마스타바 형식의 무덤

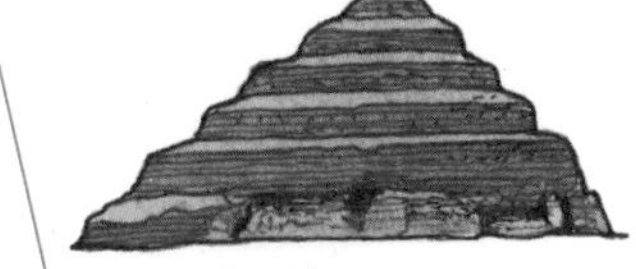

다슈르

스네프루의 피라미드 두 개가 유명하다. 스네프루를 본떠 중왕국 시대(제12왕조)에 세운 피라미드도 세 개 남아 있다.

주요 피라미드

- 스네프루의 굴절 피라미드
- 스네프루의 붉은 피라미드

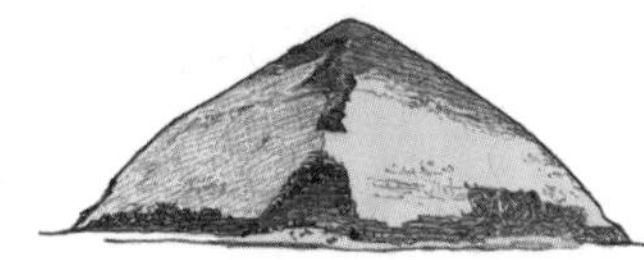

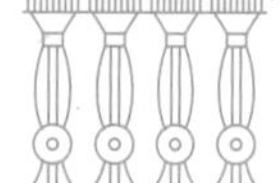

제4왕조에서 최전성기를 맞이한 후 쇠퇴

피라미드의 변천

피라미드의 역사는 네체리케트의 계단 피라미드에서 시작된다. 계단 피라미드는 그 후 제3왕조의 왕들에게 이어졌는데, 결과적으로는 오래가지 못했다. 제4왕조의 초대 왕인 스네프루는 일반형 피라미드를 만들어냈다. 그것은 아들 쿠푸에게도 이어져 사상 최대 규모의 피라미드가 완성되었다. 다음 왕인 카프레와 함께 피라미드 시대의 정점을 구축하여 일반형 피라미드는 주류가 되었다.

그러나 그 후 멘카우레의 시대부터 규모가 작아졌다. 멘카우레의 후계자인 셉세스카프 때 오래된 마스타바 형식이 지어지기도 했다. 제5왕조에도 규모가 축

피라미드의 발전과 쇠퇴

계단 피라미드부터 쿠푸의 피라미드로 절정기를 맞이할 때까지 피라미드 건축은 계속 발전했다. 그러나 그 후에는 줄곧 쇠퇴하게 되었다.

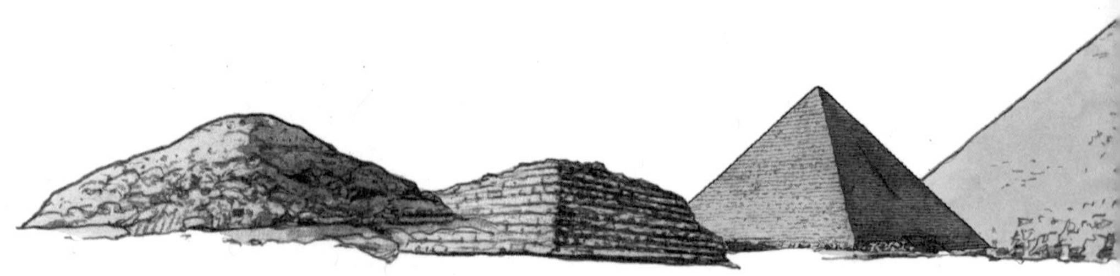

우나스의 피라미드

높이: 43m
장소: 사카라
건설 시기: 기원전 2342~기원전 2322년

제5왕조 우나스의 피라미드는 고왕국 시대 중 가장 규모가 작다.

셉세스카프의 마스타바 형식의 무덤

높이: 18m
장소: 남쪽 사카라
건설 시기: 기원전 2486~기원전2479년

태양신앙의 중심지. 기자에서 멀리 떨어진 남쪽 사카라에 조영되었다.

멘카우레의 피라미드

높이: 66.5m
장소: 기자
건설 시기: 기원전 2514~기원전 2486년

3대 피라미드 중 하나. 다른 두 개에 비해 소규모이다.

소되었지만, 피라미드 복합체에 딸린 신전이 복잡해지거나 내부의 부조에 힘을 쏟게 되었기 때문이다. 그래도 고왕국 시대가 끝나자 파라오의 권한도 약해지고 피라미드 자체도 쌓지 않게 되었다. 다시 왕국이 통일된 중왕국 시대에도 피라미드를 지었지만, 고왕국 시대에 비하면 기술력이 떨어진다. 그리고 신왕국 시대의 초대 왕 아흐모세의 소피라미드와 부속된 왕의 무덤을 마지막으로 암굴무덤(석굴무덤)으로 대신하게 되었다.

피라미드의 전신, 마스타바

피라미드 이전의 초기왕조 시대에는 '마스타바' 형식의 무덤이 지어졌다. 마스타바란 아랍어로 벤치나 의자라는 뜻인데, 이름대로 직사각형의 평평한 모양으로 내부에는 방이 몇 개 만들어졌다. 초기왕조 시대의 대규모 마스타바는 사카라에 집중되어 있다.

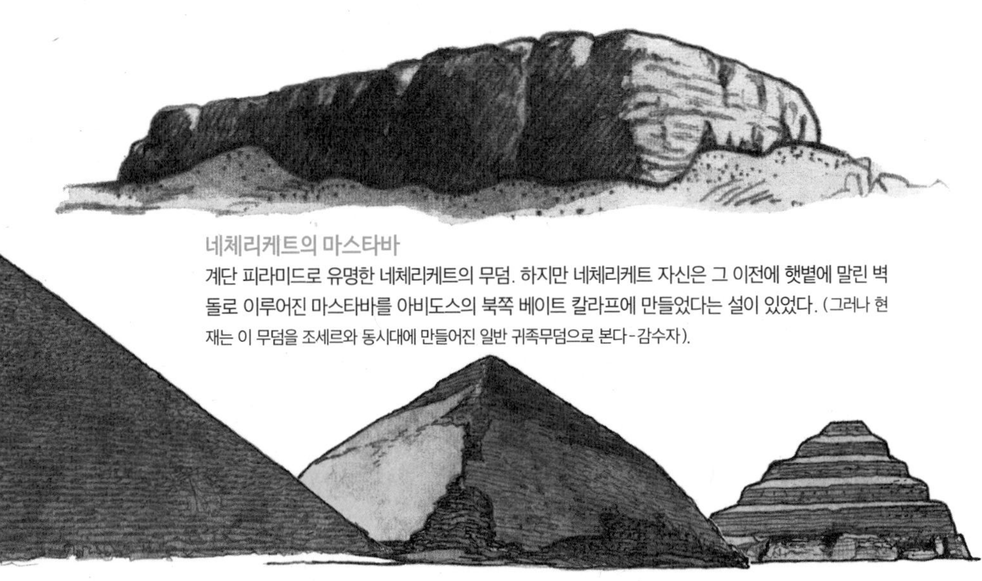

네체리케트의 마스타바

계단 피라미드로 유명한 네체리케트의 무덤. 하지만 네체리케트 자신은 그 이전에 햇볕에 말린 벽돌로 이루어진 마스타바를 아비도스의 북쪽 베이트 칼라프에 만들었다는 설이 있었다. (그러나 현재는 이 무덤을 조세르와 동시대에 만들어진 일반 귀족무덤으로 본다-감수자).

쿠푸의 대피라미드

높이: 146.5m
장소: 기자
건설 시기: 기원전 2579~기원전 2556년

가장 큰 피라미드. 내부 구조가 복잡하다.

스네프루의 굴절 피라미드

높이: 105m
장소: 다슈르
건설 시기: 기원전 2614~기원전 2579년

계단 피라미드에서 일반형 피라미드에 도전했던 과도기의 피라미드이다.

네체리케트의 계단 피라미드

높이: 63m
장소: 사카라
건설 시기: 기원전 2665~기원전 2645년

세계에서 가장 오래된 피라미드이자 이집트에서 가장 오래된 석조 건축물이다.

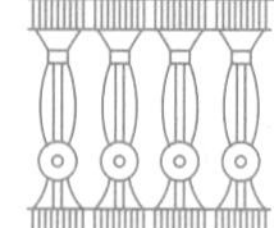

제5왕조에서 탄생한 새로운 신앙의 형태

태양신앙과 피라미드

쿠푸와 카프레(제4왕조) 시대에 거대 피라미드가 절정기를 맞이했는데, 이어진 제5왕조의 왕들 중에는 피라미드와는 별도로 태양신 라를 모시는 태양신전을 지은 왕도 있었다. 태양신전을 처음으로 지은 왕은 제5왕조 초대 왕인 우세르카프이다. 그 후 제5왕조에서 여섯 개의 태양신전이 지어졌다고 기록되어 있는데 현재는 두 개만 발견되어 그 존재는 의문으로 남아 있다(현재는 더 많은 태양신전이 확인되고 있다-감수자).

태양신전이란 피라미드 대신에 오벨리스크를 가진 복합 신전이다. 위쪽 신전, 참배길, 하안 신전을 가진다는 점에서 피라미드와 공통되는 부분도 있기 때문에 피라미드와 마찬가지로 장례 의식(제사)을 거행하기 위해 건축된 것으로 추측된다. 태양신전이 지어진 이유는 태양신앙의 위상이 높아졌기 때문이다. 제5왕조는 태양사제가 왕위에 오르며 만들어진 왕조로 왕권 강화가 요구되었다.

제5왕조 때 태양신앙의 위상이 높아지다

태양신과 깊은 연결 고리를 원했던 제5왕조의 왕들. 그들이 태양신전이나 피라미드를 건설할 땅으로 골랐던 곳은 아부시르와 아부 구라브였다. 이곳은 태양신앙의 본거지 헬리오폴리스가 보이는 남쪽 땅끝이었기 때문이다. 그러한 경향은 왕의 이름에도 두드러지게 나타난다. 제5왕조 중간부터 정식 왕명으로서 '사 라'(왕이 태양신의 아들이라는 표시)를 쓰게 되었다.

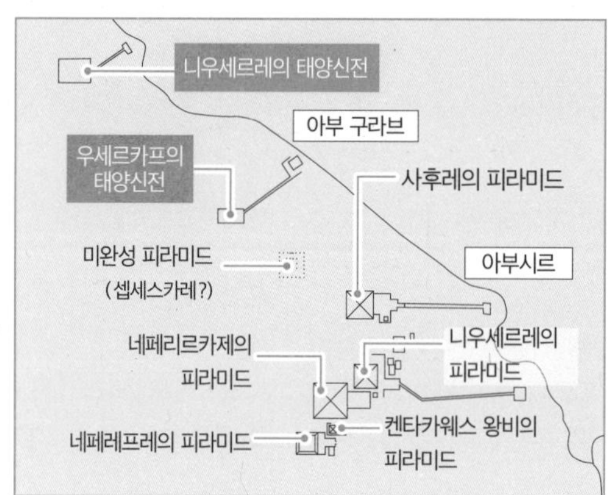

처음으로 태양신전을 세운 우세르카프의 두상 조각상. 태양신전에서 발견했다.

태양신전과 피라미드의 유사점

피라미드 복합체와 태양신전의 구조는 주벽으로 둘러싸인 위쪽 신전, 참배길, 하안 신전으로 구성되어 있는 부분이 유사하다. 위쪽 신전에서 주된 건물이 피라미드인가 오벨리스크인가 하는 차이가 있다. 그 오벨리스크는 창세 신화에서 처음으로 태양광선이 있었다는 '벤벤 석'을 상징하는 것으로 사각뿔 탑처럼 생겼다. 오벨리스크 앞의 제단에는 매일 빵이나 맥주, 도살한 소를 바쳤다.

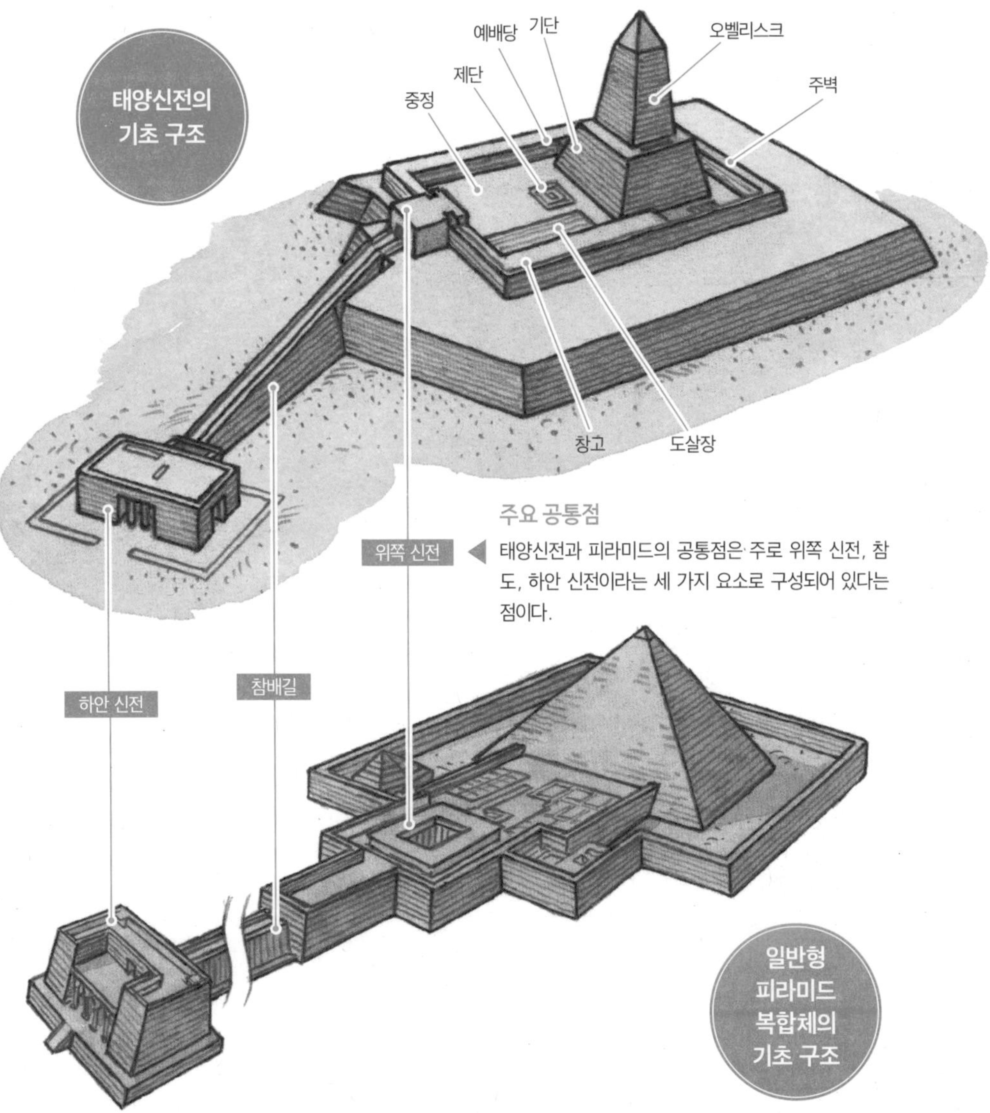

주요 공통점

태양신전과 피라미드의 공통점은 주로 위쪽 신전, 참도, 하안 신전이라는 세 가지 요소로 구성되어 있다는 점이다.

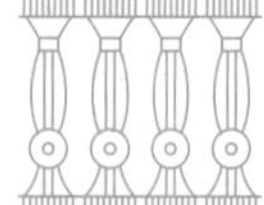

채석, 운반, 쌓아 올리기 공정을 거친 건축

피라미드 만드는 법

피라미드 쌓는 법

긴 경사로를 만들어서 돌을 쌓는 방법이 가장 유력하다. 피라미드가 점점 높아지면 경사로도 높아진다. 이 경사로를 통해 현장 작업자에게 자재를 전달했다. 피라미드가 쌓이면 표면에 광을 내는 작업에 들어가는데, 그 작업과 병행해서 경사로도 같이 치웠다.

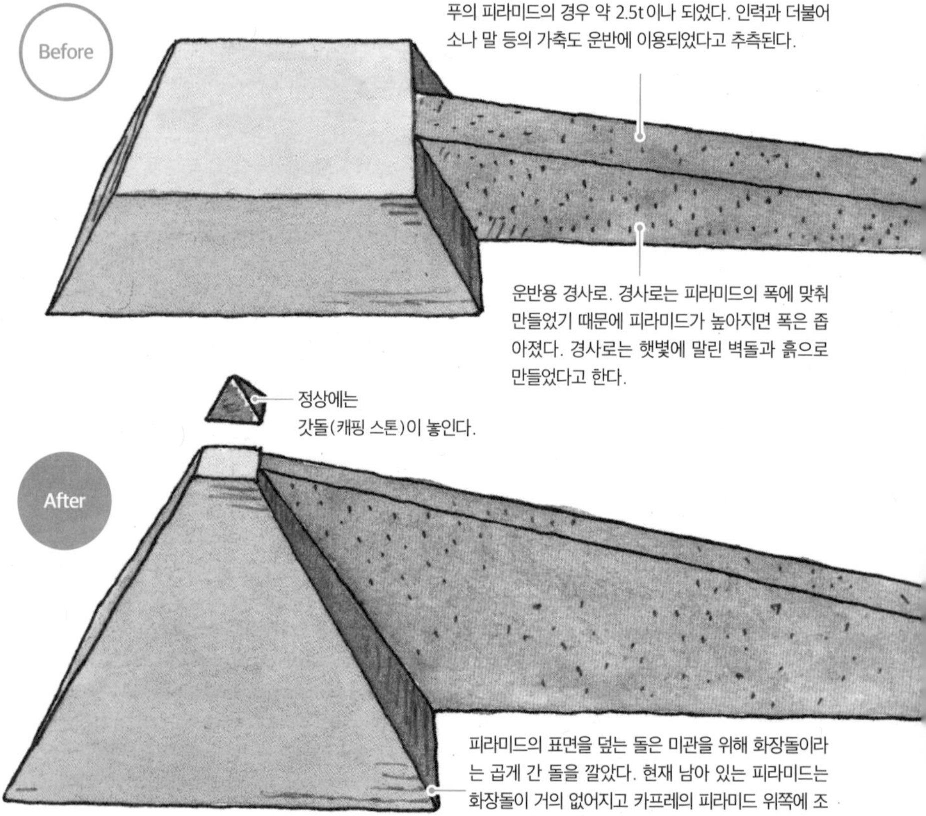

Before

나무 썰매를 사용해서 돌을 옮긴다. 돌 한 개의 무게는 쿠푸의 피라미드의 경우 약 2.5t이나 되었다. 인력과 더불어 소나 말 등의 가축도 운반에 이용되었다고 추측된다.

운반용 경사로. 경사로는 피라미드의 폭에 맞춰 만들었기 때문에 피라미드가 높아지면 폭은 좁아졌다. 경사로는 햇볕에 말린 벽돌과 흙으로 만들었다고 한다.

정상에는 갓돌(캐핑 스톤)이 놓인다.

After

피라미드의 표면을 덮는 돌은 미관을 위해 화장돌이라는 곱게 간 돌을 깔았다. 현재 남아 있는 피라미드는 화장돌이 거의 없어지고 카프레의 피라미드 위쪽에 조금만 보일 뿐이다. 화장돌로 덮는 작업은 경사로를 이용해 위에서 아래로 내려가며 진행했다. 경사로는 위에서 아래로 화장돌 작업을 하면서 제거했다.

피라미드를 만드는 순서는 재료 조달(채석) → 재료 운반 → 쌓아 올리기로 나눌 수 있다. 먼저 채석부터 알아보자. 대부분의 석재는 피라미드 근처에서 조달되었다. 3대 피라미드인 대스핑크스가 있는 장소는 주변보다 한 단이 내려간 곳에 있는데, 이는 채석 때문에 생긴 것으로 얼마나 많은 대규모의 채석이 이루어졌는지를 여실히 보여준다. 그러나 피라미드의 표층부 등 중요한 부분에는 질 좋은 석회암이 사용되었다. 그 경우에는 먼 곳까지 나가서 채석을 했다. 유명한 곳은 기자에서 나일강 건너에 있는 투라 지역이다. 그곳에는 돌을 깎은 흔적이 남아 있다. 다듬은 돌들은 배에 실어 나일강을 건너 옮겼다.

석재가 도착하면 이제 쌓아 올리기 과정에 들어간다. 여러 가지 설이 있지만, 왼쪽 그림처럼 피라미드에 경사로를 만들어서 쌓아 올렸다는 설이 유력하다. 그러나 피라미드가 높아질수록 경사로의 높이나 폭을 조정해야 하고 어마어마한 노력과 건축 자재가 필요한 탓에 현실적인 방법은 아니라는 견해도 있다. 또한 경사로가 높아지면서 폭도 좁아지기 때문에 강도가 떨어진다는 점도 의문시된다. 이렇게 유명한 건축물인데도 건설에 관한 기록이 남아 있지 않아서 명확한 기술은 아직 밝혀지지 않았다.

경사로에는 통나무를 빼곡히 깔았다. 썰매가 지나갈 때는 통나무 위에 물이나 진흙을 뿌려서 윤활유 역할을 하게 했다.

갓돌

피라미드 모양을 한 돌로 피라미드를 위까지 쌓아 올린 후 마지막에 놓는 돌이다. 그림은 아메넴헤트 3세의 피라미드의 것인데, 보존 상태가 가장 좋은 갓돌이다. 그려진 와제트의 눈(호루스를 의미함)은 정면을 향하고 있다. 기자의 3대 피라미드에도 갓돌이 있었지만 발견되지 않았다.

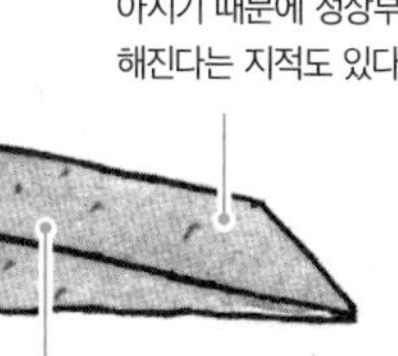

피라미드가 높아지면 경사로가 좁아지기 때문에 정상부 작업이 곤란해진다는 지적도 있다.

돌을 옮기기 위한 통나무도 제거했다.

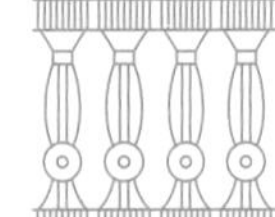

노동자들은 어떻게 생활했을까?

피라미드 건설 도시

피라미드의 건설 현장 하면 흔히 채찍질을 당하며 일하는 노예의 모습을 떠올린다. 그러나 그런 이미지는 최근 조사에 따라 말끔히 사라질 전망이다. 대스핑크스에서 남동쪽으로 400m 정도 떨어진 곳에 노동자들의 수거 흔적으로 보이는 도시의 유구가 발견되었는데, 이곳의 생활환경이 충분하게 갖춰져 있었다는 사실이 밝혀졌기 때문이다.

노동자들은 주벽으로 둘러싸인 도시 안의 공동 주택에서 숙박했다고 한다. 또한 극심한 육체노동을 견딜 수 있도록 식생활도 보장되었다는 사실이 밝혀졌다. 도시 안에는 매일 대량의 빵이나 맥주를 생산할 수 있는 주방이 있었다. 그 재료가 되는 곡물이나 채소, 고기 등도 나라에서 제공했다. 게다가 식사뿐만 아니라 의류나 샌들 등까지도 지급했다고 한다. 그동안 가려졌던 피라미드 노동자들의 생활이 베일을 벗으려 하고 있다.

노동자 조직

어떤 계산에 따르면 2000명의 노동력이 있으면 채석과 쌓아 올리기 작업을 할 수 있었다고 한다. 이 사람들은 팀으로 나뉜 조직 안에서 일했다. 조직은 크게 두 개의 부대로 나뉜다. 부대는 또 다섯 개의 작은 반으로 나뉘고, 그 아래에 20명씩 한 그룹을 이루고 있었다.

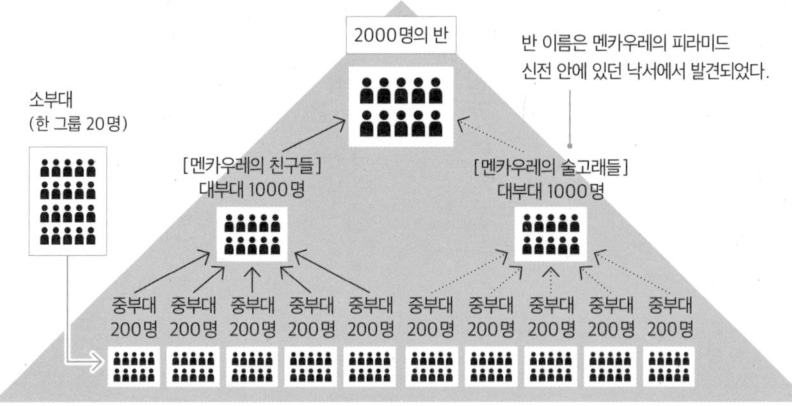

피라미드를 건설한 노동자의 도시

대스핑크스 동쪽에는 벽으로 둘러싸인 노동자들의 거주구역이 있었다. 노동자들은 피라미드에서 그리 멀지 않은 이곳에서 작업장으로 출퇴근했을 것으로 추측된다. 주거의 흔적 외에도 주식으로 먹었던 빵을 생산하는 공방 흔적도 발견되었다. 실제로 피라미드를 지은 사람들뿐만 아니라 그들을 돌봐주던 빵 장인이나 맥주 장인 등까지도 함께 사는 일대 도시였다.

쿠푸의 대피라미드
카프레의 피라미드
대스핑크스
멘카우레의 피라미드
피라미드의 도시

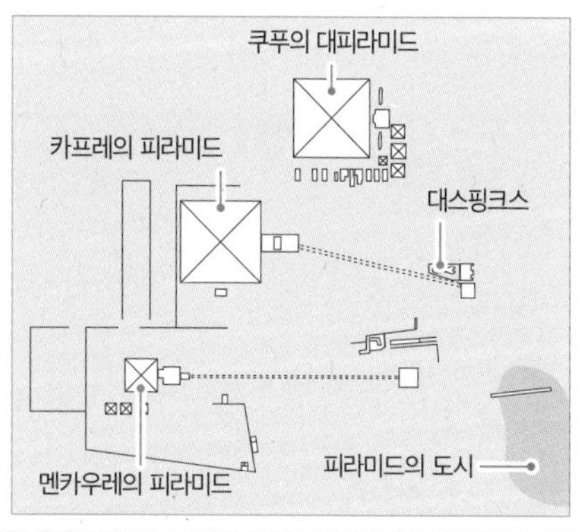

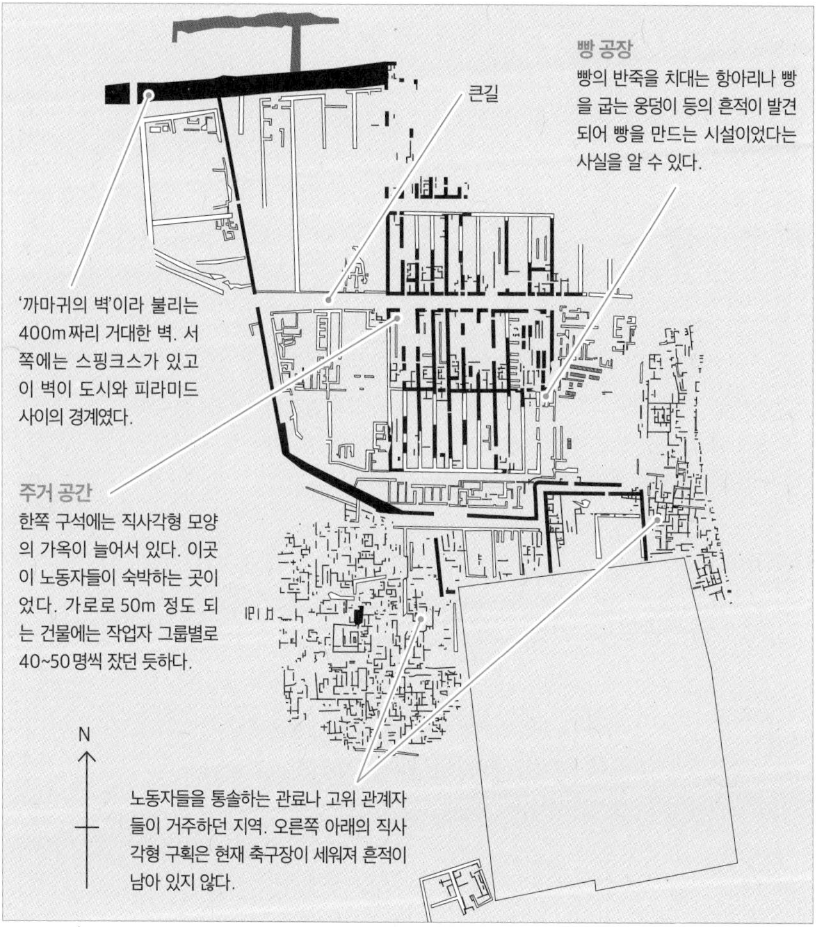

빵 공장
빵의 반죽을 치대는 항아리나 빵을 굽는 웅덩이 등의 흔적이 발견되어 빵을 만드는 시설이었다는 사실을 알 수 있다.
큰길
'까마귀의 벽'이라 불리는 400m짜리 거대한 벽. 서쪽에는 스핑크스가 있고 이 벽이 도시와 피라미드 사이의 경계였다.
주거 공간
한쪽 구석에는 직사각형 모양의 가옥이 늘어서 있다. 이곳이 노동자들이 숙박하는 곳이었다. 가로로 50m 정도 되는 건물에는 작업자 그룹별로 40~50명씩 잤던 듯하다.
N
노동자들을 통솔하는 관료나 고위 관계자들이 거주하던 지역. 오른쪽 아래의 직사각형 구획은 현재 축구장이 세워져 흔적이 남아 있지 않다.

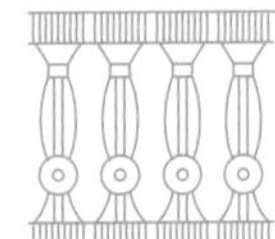

마스타바에서 시행착오를 거쳐 완성

네체리케트의 계단 피라미드

네체리케트의 계단 피라미드는 지금으로부터 약 4600년 전에 세워진 최초의 피라미드이다. 이 피라미드는 높이 8m, 가장 긴 변이 63m인 마스타바를 바탕으로 만들어졌다. 처음에는 이 직사각형 무덤을 동서남북으로 확장했다. 그다음에 동쪽을 확장했는데, 이 시점에서는 한 치수 큰 마스타바가 됐을 뿐이었다. 그 후에 계단 모양으로 설계를 변경했는데, 마스타바를 덮는 식으로 4단을 쌓아 올렸다. 나아가 거기에 2단을 또 쌓아 높이 63m, 동서 140m, 남북 118m라는 피라미드가 완성되었다. 보통 피라미드는 밑면이 정사각형인데, 계속 확장해서 쌓는 바람에 직사각형이 되었다.

지하 구조도 증축할 때마다 새로 만들어진 탓에 미로처럼 복잡하다. 몇몇 통로는 후세에 도굴자들이 팠는데 이제는 원래 통로와 구별되지 않는다. 내부에 매장실이 있지만 왕의 미라는 발견되지 않았다.

계단 피라미드의 복합체

넓고 큰 주벽 안에는 다양한 시설이 있는데, 모두 후세에 왕의 부활을 기원하는 것이었다. 또한 남쪽의 무덤은 본체 피라미드와 지하 구조가 비슷한 건축물인데, 복합체 안에 매장 시설을 두 개 갖추고 있다고 해서 '상하 이집트의 지배자'를 표현했다고도 한다.

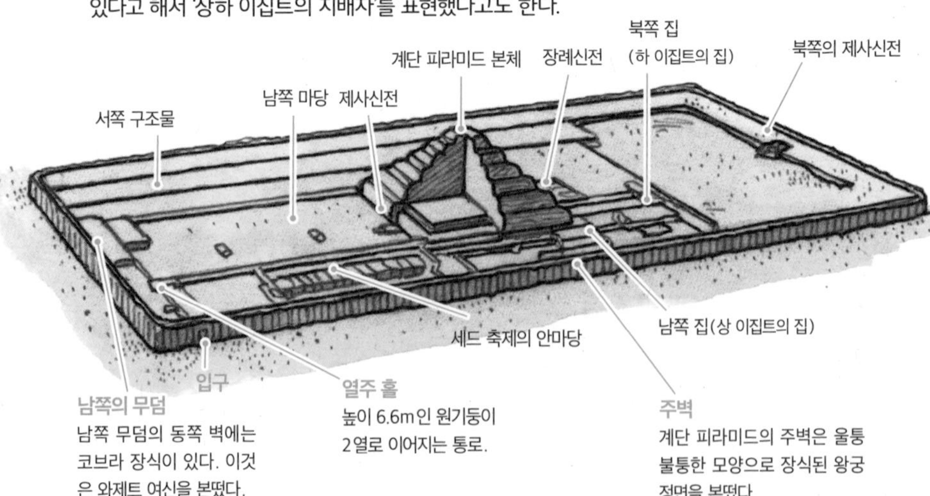

계단 피라미드의 내부

증축을 거듭한 계단 피라미드의 내부는 구조가 매우 복잡하다. 원래의 마스타바 아래에는 매장실로 이어지는 수직 갱도가 파여 있다. 매장실에서는 통로가 몇 개 뻗어 있는데, 그중 하나는 파란 타일로 장식된 방으로 이어진다.

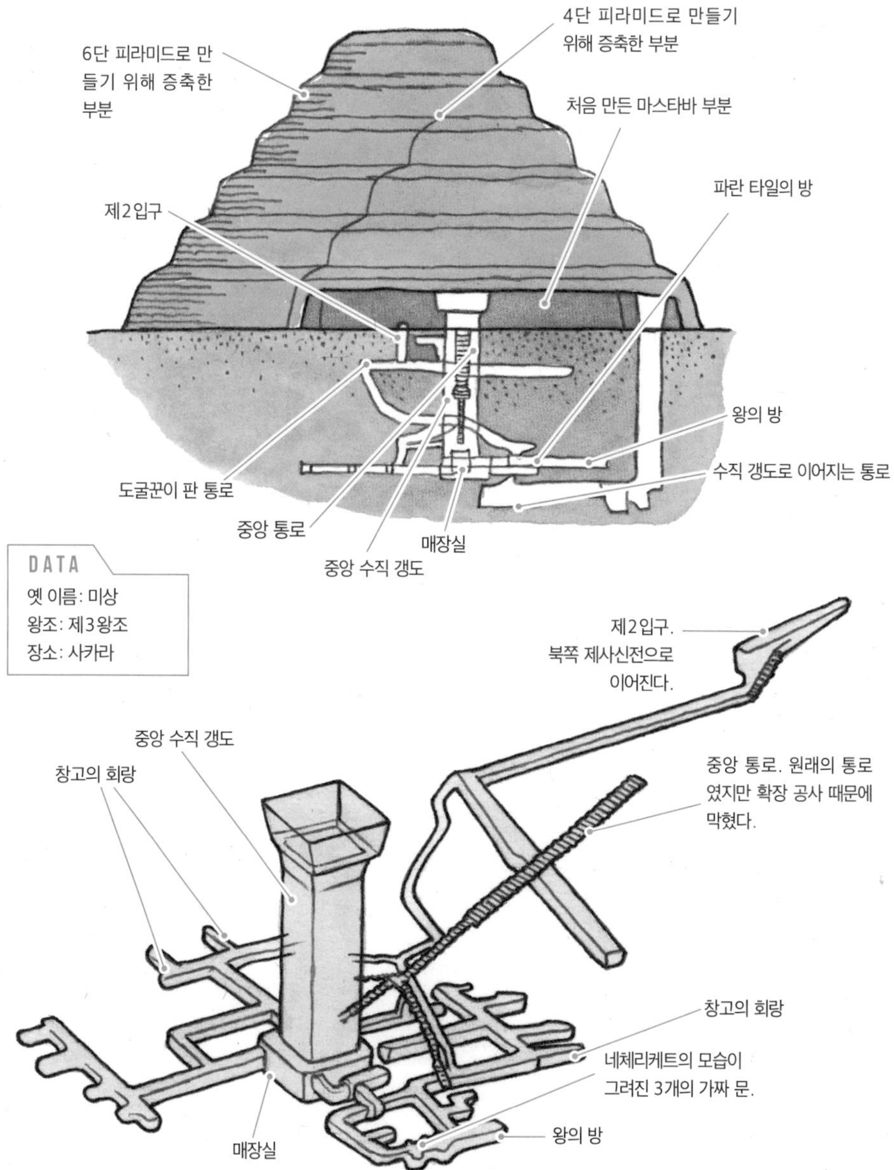

DATA

옛 이름: 미상
왕조: 제3왕조
장소: 사카라

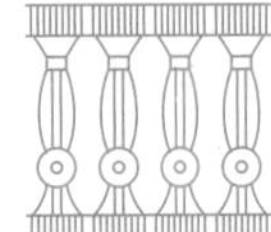

왜 건설하는 도중에 경사를 변경했을까?

스네프루의 굴절 피라미드

도중에 경사 각도가 바뀌는 기묘한 형태의 굴절 피라미드. 계단 피라미드가 아닌 사상 처음으로 일반형 피라미드로서 계획되었다.

그런데 왜 굴절되었을까? 한 가지 설에 따르면 왕이 갑자기 사망한 탓에 서둘러 건설했기 때문이라고도 하는데, 아무래도 그대로 돌을 쌓으면 피라미드가 붕괴할 위험이 있었기 때문에 무게를 줄였던 것으로 보인다. 내부에는 금이 가서 보수 공사를 했던 흔적이 남아 있다고 한다. 원래 각도는 54도였는데, 만약 이대로 공사를 진행했다면 이집트에서 제일가는 피라미드가 완성되었을 것이다. 건설 도중에 43도로 경사가 변경된 피라미드는 현재 네 번째로 큰 피라미드이다.

또한 쌓는 방법에도 차이가 있어서 54도로 쌓인 아래쪽은 돌을 안쪽으로 쌓는 전통적인 방법을 썼는데, 43도인 위쪽은 무게를 줄이기 위해 수평으로 쌓는 새로운 방법을 시도했다.

변경한 경사 각도가 붉은 피라미드와 일치

43도로 경사를 변경한 굴절 피라미드 위쪽의 각도는 붉은 피라미드와 일치한다. 붉은 피라미드는 굴절 피라미드를 건설하던 중에 착공했다고 하는데, 수평으로 쌓는 방법도 같다. 각도와 쌓는 방법에서 굴절 피라미드 위쪽의 형식을 가장 좋은 것으로 여긴 것이다.

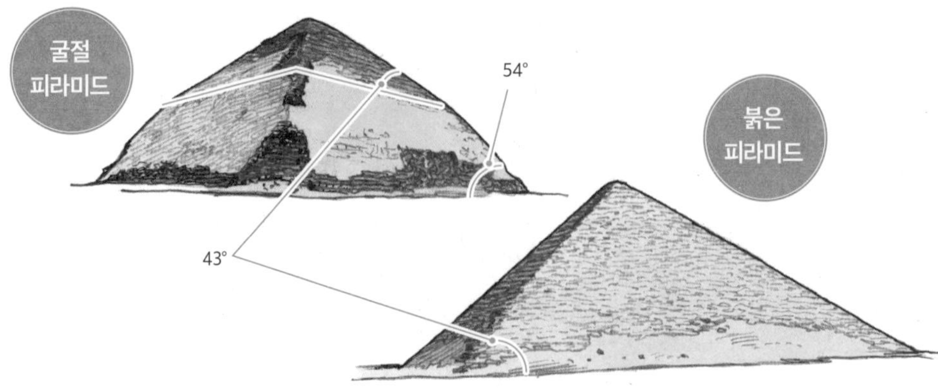

굴절 피라미드의 구조

북쪽과 서쪽에 입구가 두 개인 것이 가장 큰 특징이다. 서쪽 입구에서 들어가면 떨어지는 문이 장치되어 있고, 그 앞에 매장실이 있다.

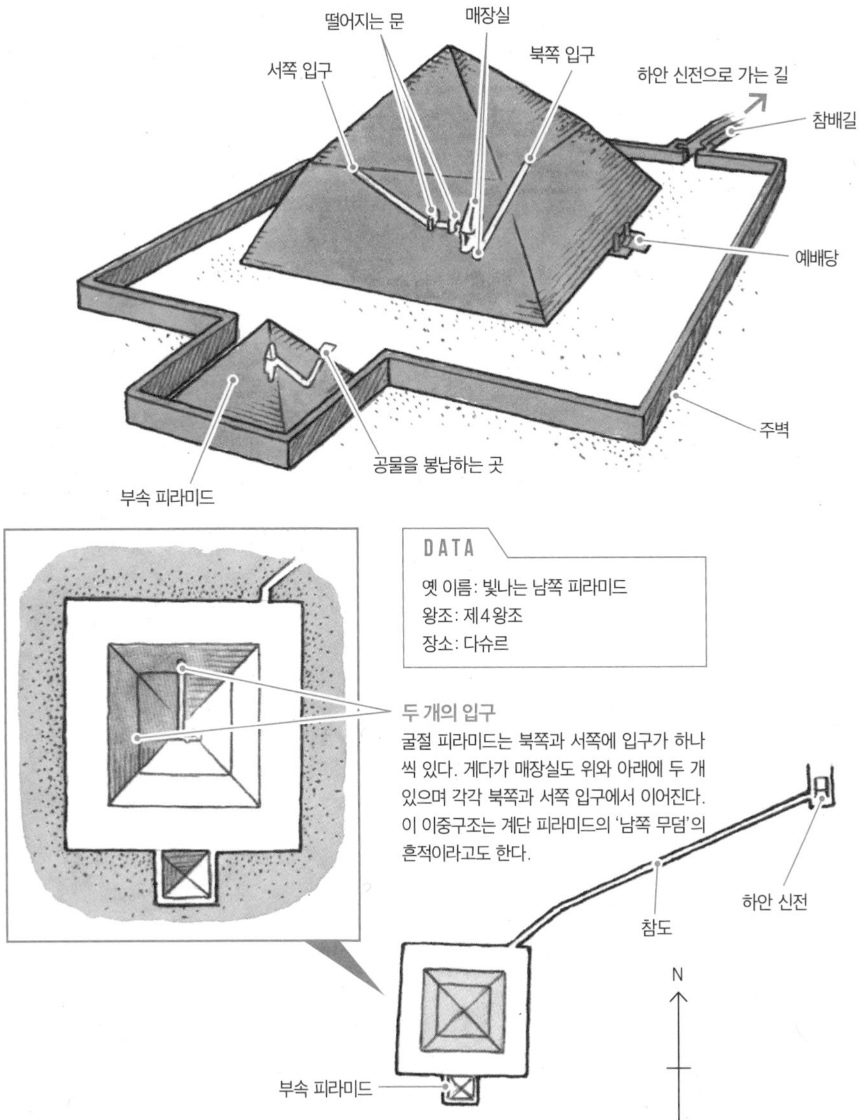

DATA

옛 이름: 빛나는 남쪽 피라미드
왕조: 제4왕조
장소: 다슈르

두 개의 입구

굴절 피라미드는 북쪽과 서쪽에 입구가 하나씩 있다. 게다가 매장실도 위와 아래에 두 개 있으며 각각 북쪽과 서쪽 입구에서 이어진다. 이 이중구조는 계단 피라미드의 '남쪽 무덤'의 흔적이라고도 한다.

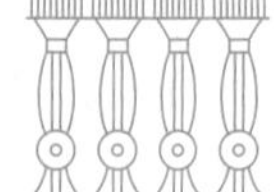

다슈르에서 기자로

기자의 3대 피라미드

피라미드 건설 지역을 바꾼 이유

스네프루의 굴절 피라미드나 붉은 피라미드가 있는 다슈르에서 북쪽으로 올라간 땅에 기자가 있다. 이것으로 보아 피라미드 건설지를 다슈르에서 기자로 바꾼 것은 태양신전의 중심지 헬리오폴리스와 가까워지기 위한 것으로 추측된다.

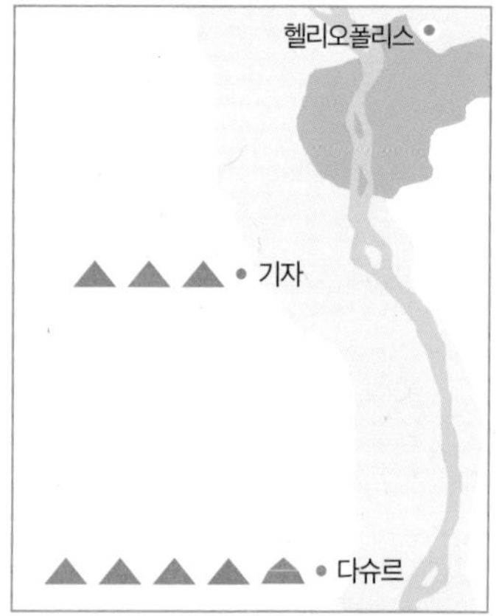

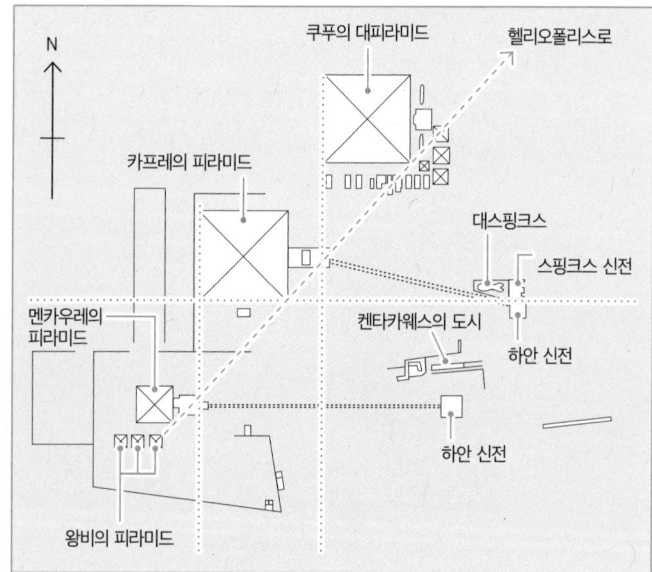

기자의 3대 피라미드가 헬리오폴리스를 의식해 지어졌다는 사실은 세 개의 피라미드 배치만 봐도 명백하다. 피라미드의 남동쪽 모서리를 이어서 똑바로 북동쪽으로 연결하면 헬리오폴리스에 도달한다.

3 대 피라미드의 배치(복원도)

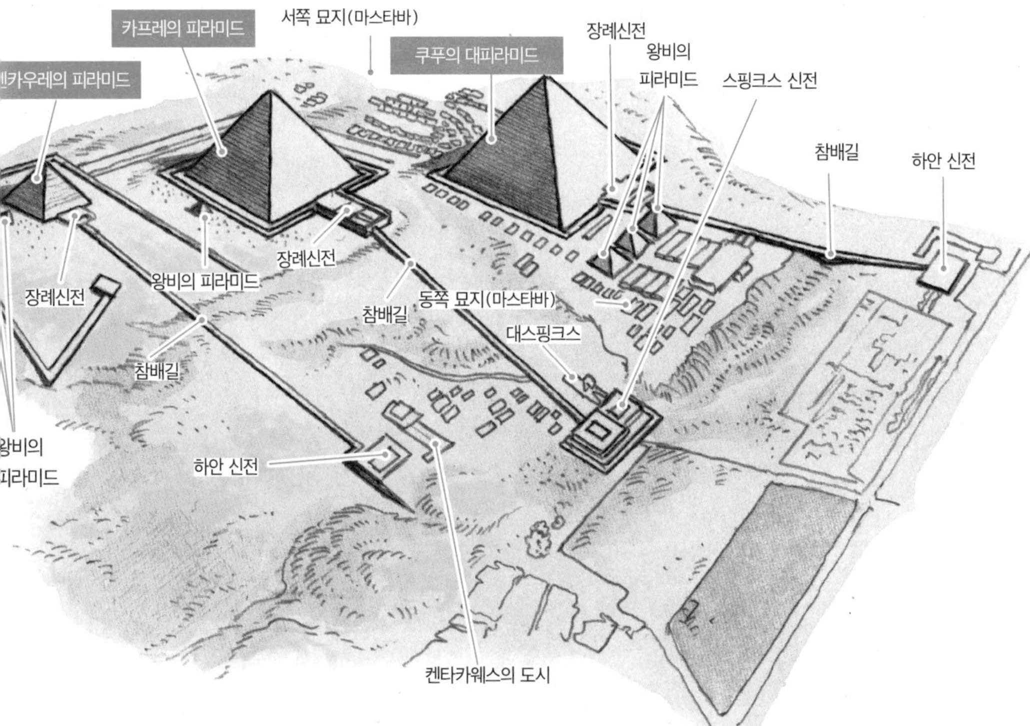

지금도 이집트 최대의 관광지인 기자. 사람들이 이곳을 찾는 이유는 물론 쿠푸·카프레·멘카우레라는 3대 피라미드를 보기 위해서이다.

기자 대지는 광활하고 견고한 암반으로 이루어져 있어 피라미드라는 거대 건축물을 버틸 수 있었다. 게다가 기자는 나일강을 끼고 북동쪽에 있는 헬리오폴리스가 보이는 땅이기도 하다. 헬리오폴리스는 태양신앙의 총본산이며 당시 위상이 높아지고 있던 태양신앙을 도입하기 위해 쿠푸는 다슈르에서 기자로 매장지를 변경했을 것이다. 다슈르는 기자보다 남쪽에 있지만, 거기서는 언덕 때문에 헬리오폴리스가 보이지 않는다. 3대 피라미드의 남동쪽 모서리를 연결한 지점에서 북동쪽으로 선을 그으면 헬리오폴리스로 이어진다는 점에서도 3대 피라미드와 태양신앙의 연결 고리가 강했다는 것을 확인할 수 있다. 또한 피라미드의 주변에는 규칙적으로 배치된 마스타바가 있다. 이는 왕족이나 고위 관료들의 것인데, 기자의 땅이 계획적인 묘지로 건설되었기 때문이다. 쿠푸나 카프레의 피라미드는 피라미드 절정기에 건설되었던 만큼, 복합체의 규모도 유례를 찾아볼 수 없을 만큼 크다. 참배길은 하안 신전까지 약 1km 가까이 뻗어 있다.

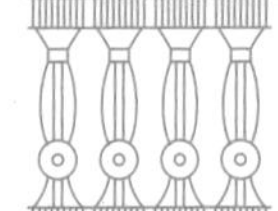

가장 유명하면서도 많은 수수께끼를 지닌 곳

쿠푸의 대피라미드

보통 '대피라미드'라는 이름으로 알려진 쿠푸의 피라미드. 그 규모나 기술은 세계 최고이다. 원래 표면은 질 좋은 흰 석회암으로 덮여 광택이 났지만 이것을 빼앗기고 말았다. 그래도 대피라미드에는 약 230만 개나 되는 석재가 사용되었고 각 석재의 무게는 평균 2.5t이다. 그것을 210단이나 쌓아 올렸다니 그 규모에 경악할 만하다.

이 피라미드의 건설 지휘를 맡은 사람은 쿠푸의 재상이자 조카였던 헤미온누이다. 헤미온누의 계획은 내부 구조에서도 압도적이었다. 예를 들어 '왕의 방'은 붉은색 화강암 패널로 만들어졌는데, 빈틈이 전혀 없는 돌 쌓기 기술에는 혀를 내두르게 된다. 정밀한 기술력은 여기에서 그치지 않고, 독자적인 '무게 경감의 방'이나 조상 때부터 내려온 건축비법이 집대성된 '대회랑' 등 주목해야 할 포인트는 무궁무진하다.

왕비들의 피라미드

쿠푸의 대피라미드 동쪽에는 일렬로 늘어선 세 개의 피라미드가 있다. 이는 쿠푸의 왕비나 어머니의 것이었다. 내부에는 모두 매장실과 그곳으로 이어지는 통로를 갖추고 있다. 현재는 많이 무너졌지만 원래는 그림의 점선과 같은 모습이었다.

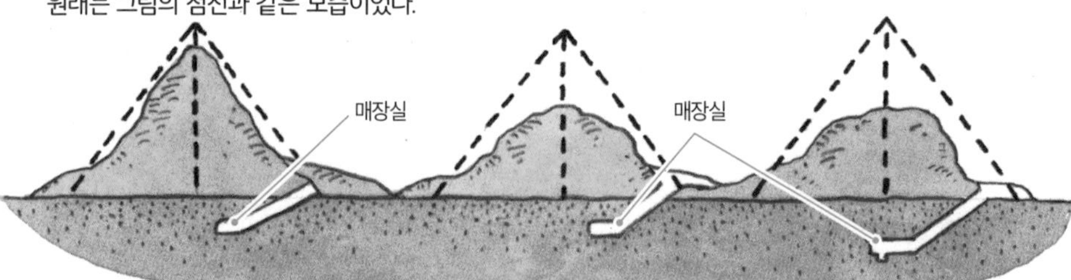

헤누트센 피라미드
쿠푸의 두 번째 왕비 헤누트센의 것으로 3기 중에서 가장 보존 상태가 좋다. 스네프루의 딸이자 카프레의 어머니였다. 이 피라미드는 아들이 세웠을 것으로 보이고 다른 2기보다 건설 시기는 늦다.

메리테티스 1세 피라미드
메리테티스 1세는 쿠푸와 카프레 사이에 즉위한 제데프레의 어머니이기도 했다. 인접한 예배당은 기초가 되는 부분만 남아 있는데, 거기서 메리테티스의 칭호가 발견되어 그녀의 것으로 특정되었다.

헤테프헤레스 1세 피라미드
3기 중에서 가장 북쪽에 있는 것은 쿠푸의 어머니 헤테프헤레스의 피라미드이다. 이 피라미드의 북쪽에서 수혈무덤을 찾았는데, 거기서 산더미처럼 쌓인 그녀의 부장품이 발견되었다.

쿠푸의 피라미드 복합체

다른 피라미드와 마찬가지로 일반적인 피라미드 복합체로서 신전, 참배길, 하안 신전 등의 시설을 갖췄다. 그러나 현재 대부분은 사라졌다. 복합체의 동쪽과 서쪽에는 귀족들의 마스타바도 규칙적으로 늘어서 있었다. 서쪽에는 관료들, 동쪽에는 쿠푸와 가까운 왕족의 무덤이 있어 국가 묘지였다는 사실을 알 수 있다.

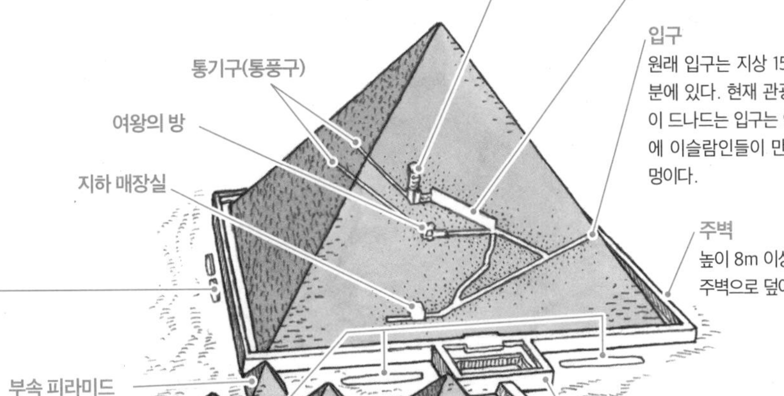

무게 경감의 방
대회랑
통기구(통풍구)
여왕의 방
지하 매장실
입구
원래 입구는 지상 15m 부분에 있다. 현재 관광객들이 드나드는 입구는 9세기에 이슬람인들이 만든 구멍이다.
주벽
높이 8m 이상의 주벽으로 덮여 있었다.
부속 피라미드
쿠푸의 정령을 모시기 위해 세워진 것으로 추측된다. 최근에 발견되었다.
동쪽의 배 웅덩이
태양선을 두기 위한 곳이다. 대피라미드의 동쪽에는 네 개의 배 웅덩이가 발견되었다. 그중 장례신전의 양쪽에 있는 두 개는 특히 커서 왕을 하늘로 옮기기 위한 배를 두었을 것으로 추측된다.
참배길
참배길의 벽면은 훌륭한 부조가 표현되어 있었다고 추측된다.
장례신전
폭이 50m나 될 정도로 넓고 큰데, 안마당이나 장식된 열주가 있었다.

쿠푸의 제1태양선

1954년에 대피라미드 남쪽에서 발견된 배 웅덩이에서는 목제 배의 파편이 발굴되었다. 분해된 부품을 조합해 보니 길이가 43m인 거대한 목조선이었다. 왕은 사후에 태양이 되어 '낮 배'와 '밤 배'라는 두 척의 태양선을 타고 나일강을 건너 하늘로 향했다.

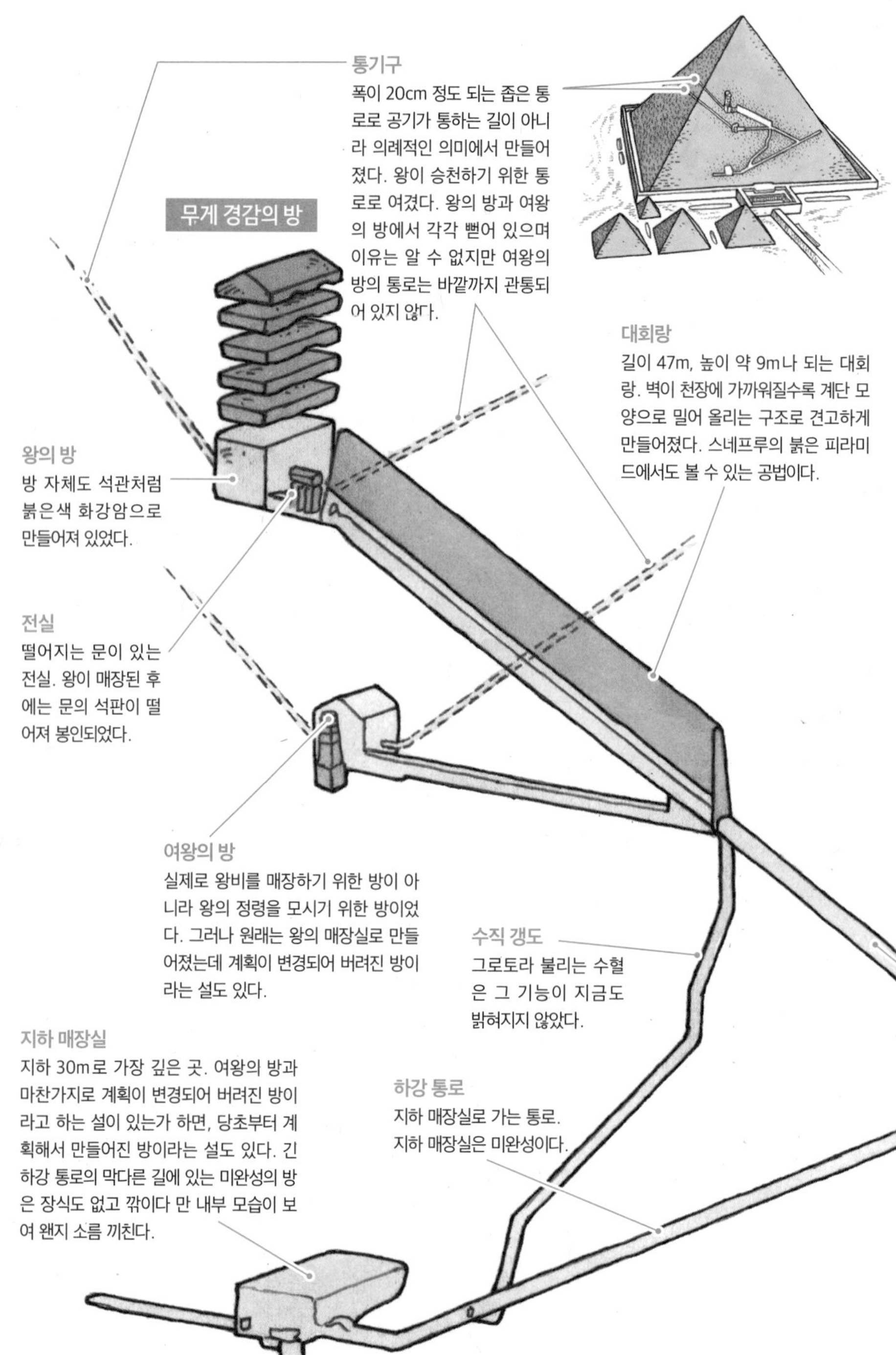
통기구
폭이 20cm 정도 되는 좁은 통로로 공기가 통하는 길이 아니라 의례적인 의미에서 만들어졌다. 왕이 승천하기 위한 통로로 여겼다. 왕의 방과 여왕의 방에서 각각 뻗어 있으며 이유는 알 수 없지만 여왕의 방의 통로는 바깥까지 관통되어 있지 않다.
무게 경감의 방
대회랑
길이 47m, 높이 약 9m나 되는 대회랑. 벽이 천장에 가까워질수록 계단 모양으로 밀어 올리는 구조로 견고하게 만들어졌다. 스네프루의 붉은 피라미드에서도 볼 수 있는 공법이다.
왕의 방
방 자체도 석관처럼 붉은색 화강암으로 만들어져 있었다.
전실
떨어지는 문이 있는 전실. 왕이 매장된 후에는 문의 석판이 떨어져 봉인되었다.
여왕의 방
실제로 왕비를 매장하기 위한 방이 아니라 왕의 정령을 모시기 위한 방이었다. 그러나 원래는 왕의 매장실로 만들어졌는데 계획이 변경되어 버려진 방이라는 설도 있다.
수직 갱도
그로토라 불리는 수혈은 그 기능이 지금도 밝혀지지 않았다.
지하 매장실
지하 30m로 가장 깊은 곳. 여왕의 방과 마찬가지로 계획이 변경되어 버려진 방이라고 하는 설이 있는가 하면, 당초부터 계획해서 만들어진 방이라는 설도 있다. 긴 하강 통로의 막다른 길에 있는 미완성의 방은 장식도 없고 깎이다 만 내부 모습이 보여 왠지 소름 끼친다.
하강 통로
지하 매장실로 가는 통로. 지하 매장실은 미완성이다.

복잡한 구조를 가진 피라미드 내부

거대한 규모를 자랑하는 쿠푸의 대피라미드는 그 내부도 매우 복잡해서 베일에 싸여 있다. 두 차례 설계 변경을 하면서 생겼다는 세 개의 매장실이 원래부터 계획되어 있었다는 이야기도 있다. 무게 경감의 방 등은 대피라미드에서만 볼 수 있는 예이다.

무게 경감의 방

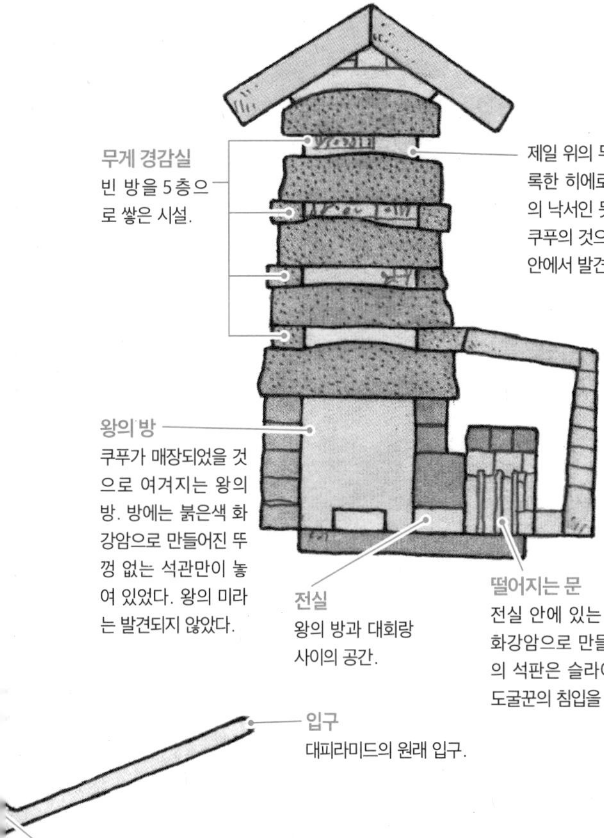

무게 경감실
빈 방을 5층으로 쌓은 시설.

제일 위의 무게 경감실에서 쿠푸의 이름을 기록한 히에로글리프가 발견되었다. 노동자들의 낙서인 듯하다. 이것으로 이 대피라미드를 쿠푸의 것으로 특정했다. 이 문자는 피라미드 안에서 발견된 유일한 것이기도 하다.

5층으로 이루어진 빈 방인데, 이 방이 무게를 덜어주는 덕분에 왕의 방 천장에 부담이 덜 간다. 각 방의 바닥 면은 넓이가 같고, 가장 위에는 석재가 지붕 같은 모양으로 서로 지탱하고 있다. 이렇게 하면 눌리는 힘을 분산할 수 있는 효과가 있다고 한다. 이것은 대피라미드에서만 볼 수 있는 시설이다.

왕의 방
쿠푸가 매장되었을 것으로 여겨지는 왕의 방. 방에는 붉은색 화강암으로 만들어진 뚜껑 없는 석관만이 놓여 있었다. 왕의 미라는 발견되지 않았다.

전실
왕의 방과 대회랑 사이의 공간.

떨어지는 문
전실 안에 있는 차단 장치. 화강암으로 만들어진 세 장의 석판은 슬라이드 식으로 도굴꾼의 침입을 막았다.

입구
대피라미드의 원래 입구.

상승 통로
왕의 방에 쿠푸가 매장된 후에 대회랑과 상승 통로는 석재 블록으로 막혔다고 한다.

DATA
옛 이름: 쿠푸의 지평선
왕조: 제4왕조
장소: 기자

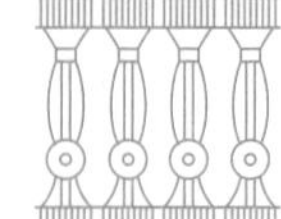

피라미드의 발견부터 쇠퇴까지

카프레와 멘카우레의 피라미드

쿠푸에 이어 크기는 살짝 줄어들지만 영광을 그대로 이어받은 카프레의 피라미드. 위쪽에는 쿠푸의 것에서는 사라져서 없던 화장용의 희고 질 좋은 석회암이 남아 있다. 옛날에는 이것이 빼곡하게 덮고 있었으니 얼마나 장대하고 아름다웠을까. 내부는 쿠푸의 피라미드와 달리 단순해서 지상보다 높은 위치에 방을 만들지 않았다. 건설 중에 내부에 금이 갔기 때문에 이렇게 구조가 단순해졌다는 말도 있다.

그리고 카프레 다음이긴 하지만 규모는 쿠푸의 약 4분의 1인 멘카우레의 피라미드에서는 영광에 그늘이 보이기 시작했다. 예전에 화장석은 아래 16단이 붉은 화강암이고 위층은 흰 석회암으로 쌓아 두 가지 색으로 공들여 디자인했다. 화강암은 일부가 현재도 남아 있다. 또한 질 좋은 왕의 조각상도 많이 발견되어 장식성이나 종교적 부분에 특화되어 있다.

카프레의 피라미드 구조

가장 큰 특징은 입구가 두 군데 있다는 점인데, 하나는 지상과 같은 높이에 있고 다른 하나는 지상 12m 부분에 있다. 이유는 알려지지 않았지만 피라미드 기저부가 중간에 축소되었기 때문이라고도 한다.

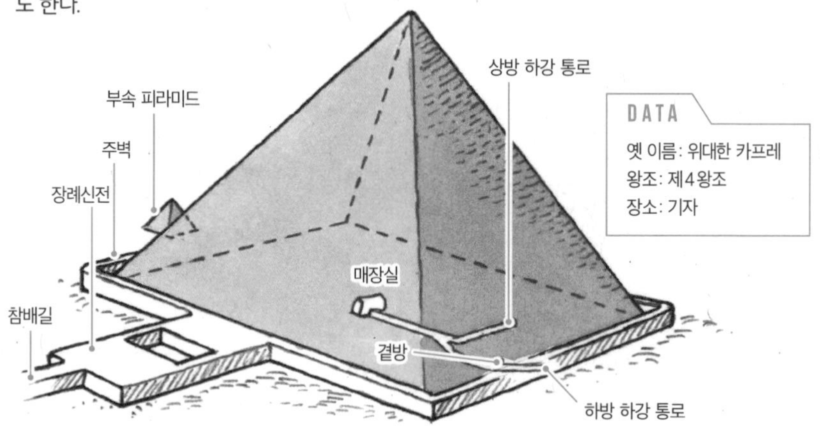

대스핑크스와 신전

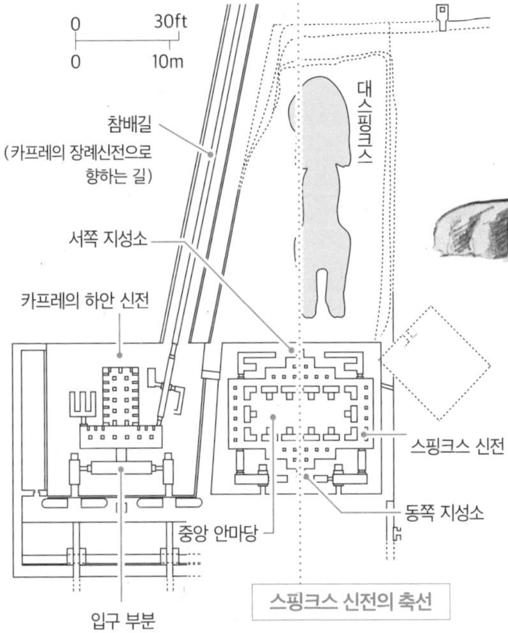

0 30ft
0 10m
대스핑크스
참배길
(카프레의 장례신전으로 향하는 길)
서쪽 지성소
카프레의 하안 신전
스핑크스 신전
동쪽 지성소
중앙 안마당
입구 부분
스핑크스 신전의 축선

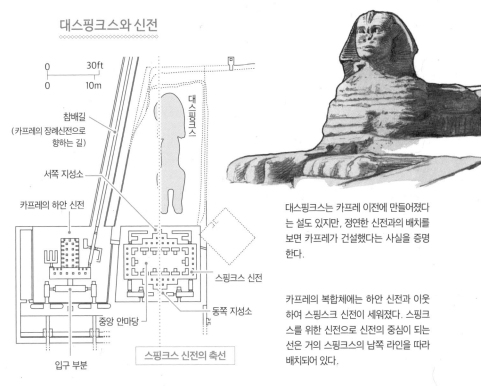

대스핑크스는 카프레 이전에 만들어졌다는 설도 있지만, 정연한 신전과의 배치를 보면 카프레가 건설했다는 사실을 증명한다.

카프레의 복합체에는 하안 신전과 이웃하여 스핑스크 신전이 세워졌다. 스핑크스를 위한 신전으로 신전의 중심이 되는 선은 거의 스핑크스의 남쪽 라인을 따라 배치되어 있다.

멘카우레의 피라미드 구조

입구는 지상 4m 높이에 있으며 거기서 이어지는 통로를 따라가면 떨어지는 문 너머로 전실에 다다른다. 이곳은 원래 매장실이었다고 한다. 그 너머에 매장실이 있고 실내에는 석관이 남아 있었다. 그 석관은 19세기에 영국으로 싣고 가던 배가 지중해에서 침몰해 잃어버리고 말았다.

DATA

옛 이름: 신성한 멘카우레
왕조: 제4왕조
장소: 기자

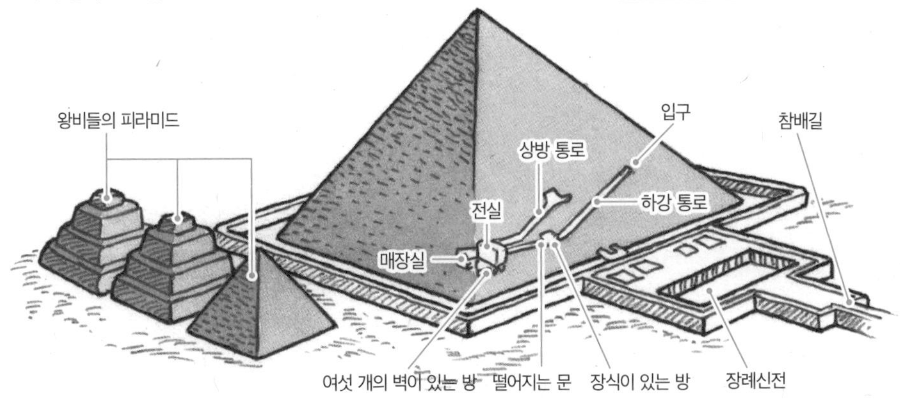

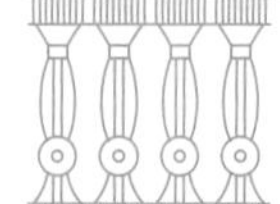

피라미드에서 암굴무덤으로

'왕가의 계곡'의 위치

신왕국 제18왕조는 왕의 무덤을 출신지인 테베 서안에 만들었다. 하트셉수트의 시대에 연중행사가 된 '오페트 축제'는 카르나크 신전의 아멘 신이 남쪽의 룩소르 신전에 있는 아내 무트 여신을 찾아가 한동안 머물다가 카르나크로 돌아가는 축제였다. 하트셉수트 때 카르나크 아멘 대신전에서 남쪽으로 향하는 제7 탑문이 설치되었다는 점에서도 이 축제의 기원을 추정할 수 있다.

또한 하트셉수트는 카르나크 아멘 대신전과 대립하는 나일강 서안의 데이르 엘 바흐리에 장례신전을 건설하고 중왕국에서 기원한 '계곡 축제'의 동서 축선을 재확립했다. 이 카르나크와 데이르 엘 바흐리를 연결해서 서쪽으로 더 연장함으로써 왕의 매장지로서 '왕가의 계곡'의 위치를 확립했다. 마찬가지로 룩소르 신전과 대립하는 메디넷 하부 신전의 뒤쪽에 왕비의 매장지인 '왕비의 계곡'이 결정되었다.

벽화 장식

왕가의 계곡에 있는 암굴무덤에는 천장이나 벽면에 비문이나 장식이 그려져 있었다. 제18왕조의 무덤에서는 비교적 장식이 없는 부분이 많고 한정된 장소인 신들과 왕의 벽화나 매장실 '암두아트의 서' 등의 장례 문서가 적혀 있었다. 깊이 5m 정도의 자루가 있는 부분에는 왕과 신들의 그림이 그려져 있다. 제19 왕조에 이르면 벽면에는 더 많은 종교 문자가 그려지게 된다. 매장실 천장에는 천체도가 그려졌고 북극성을 중심으로 한 북천도는 유명하다. 또한 '문(門)의 서'도 그려져 있다.

제19왕조 메렌프타왕의 무덤에 그려진 벽화. 왕 앞에 태양신 라 하라크티 신이 서 있는 모습에서 왕과 태양신의 연결을 엿볼 수 있다.

신왕국 시대 거의 모든 왕의 무덤이 있는 왕가의 계곡

왕가의 계곡에 왕의 무덤이 만들어진 것은 제18왕조 하트셉수트 때로 추정된다. 그 후에는 아마르나 시대의 짧은 기간을 제외하고 제20왕조의 람세스 11세까지 왕의 무덤이 만들어졌다. 왕가의 계곡은 동쪽 계곡과 서쪽 계곡으로 나뉘어 있는데, 서곡은 제18왕조 아멘호테프 3세 무덤(KV22) 등 아마르나 시대 전후의 무덤이 있다. 그림은 서쪽 계곡 부분이다.

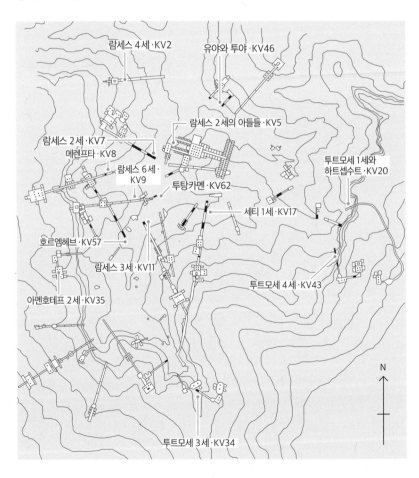

람세스 4세 · KV2
유야와 투야 · KV46
람세스 2세의 아들들 · KV5
람세스 2세 · KV7
메렌프타 · KV8
람세스 6세 · KV9
투탕카멘 · KV62
투트모세 1세와 하트셉수트 · KV20
세티 1세 · KV17
호르엠헤브 · KV57
람세스 3세 · KV11
투트모세 4세 · KV43
아멘호테프 2세 · KV35
N
투트모세 3세 · KV34

왕가의 계곡 중에서도 가장 웅장한 세티 1세의 무덤

19왕조의 2대 왕인 세티 1세의 무덤은 왕가의 계곡 중에서도 가장 긴 규모를 가진 것으로 알려졌다. 그려진 부조의 보존 상태도 좋다. 1817년에 벨초니가 발견했을 때는 내부 벽화의 상태가 훌륭했지만, 양호한 벽화는 떼어내 유럽의 미술관으로 가져가 파괴되었다.

세티 1세

세티 1세의 미술사 공적으로는 아마르나 이후의 전통적 미술 표현을 부활시켰다는 점과 특히 아마르나 시대의 뛰어난 부조 표현을 도입해서 부조의 조형예술을 완성했다는 점을 들 수 있다. 대표적인 예가 이 왕의 무덤이나 아비도스에 세워진 장례신전이다. 또한 미술 외에도 왕의 미라는 보존 상태가 좋아서 가장 아름다운 얼굴의 미라라는 평가를 받는다. 미라는 파괴되는 것을 막기 위해 데이르 엘 바흐리의 비밀의 장소(DB320※)로 이동되어 왕의 무덤을 발굴했을 때는 매장실에 없었다.

※: DB는 데이르 엘 바흐리의 약자.

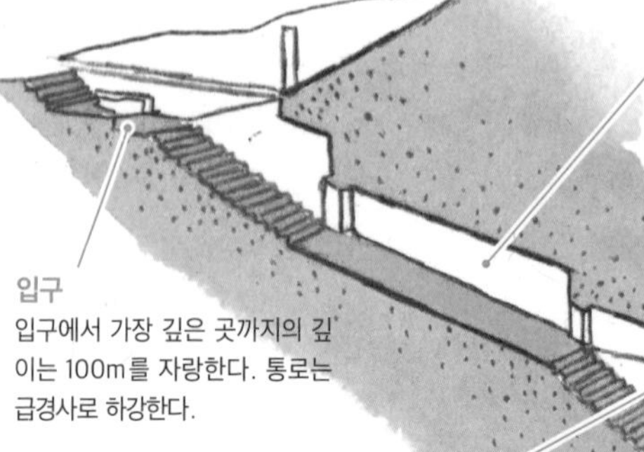

입구

입구에서 가장 깊은 곳까지의 깊이는 100m를 자랑한다. 통로는 급경사로 하강한다.

제1통로

사자(死者)의 서(書)의 '라의 찬가'에서 나온 그림이나 라 호르아크티 신 앞에 선 왕의 벽화가 있다.

제2통로

'암두아트의 서'와 '라의 찬가'에서 나온 벽화가 있다.

제3통로

'암두아트의 서'에서 나온 벽화가 있다.

기둥의 방

호화롭게 장식된 네 개의 기둥이 있는 방. 수직 갱도 다음에 위치하는 이 방은 수직 갱도를 파기 전에 석관을 놓기 위한 곳이다.

수직 갱도

깊은 수갱은 빗물로 인한 침수 방지와 함께 도굴꾼을 상대로 눈속임 역할을 하여 구멍 바닥에 매장실이 있다고 착각하게 만들기 위한 것이었다. 벽면에는 여러 신 앞에 서 있는 왕이 그려져 있다.

곁방

세티 1세의 무덤에서 처음으로 도입한 곁방(별실)은 기둥의 방에 딸린 유사 매장실이라고 한다. 2개의 기둥은 밑그림이 그려져 있지만 채색까지는 하지 못하고 미완성으로 남아 있다.

천장의 천체도

세티 1세의 무덤에서 특별히 다뤄야 할 것이 매장실에 그려진 천체도이다. 제19·20왕조 시대에는 유해가 들어 있는 석관이 놓인 매장실이나 통로의 천장에 북천도가 그려졌는데, 대부분은 보존 상태가 좋지 않다.

수소는 메스케티우라 불리며 북두칠성을 나타냈다고 추측된다.

별을 나타내는 붉은 동그라미는 그림으로 디자인된 것이라 실제 별의 배열과는 다르다.

악어를 등에 업은 하마는 북쪽 하늘의 별자리로 용자리를 나타낸다.

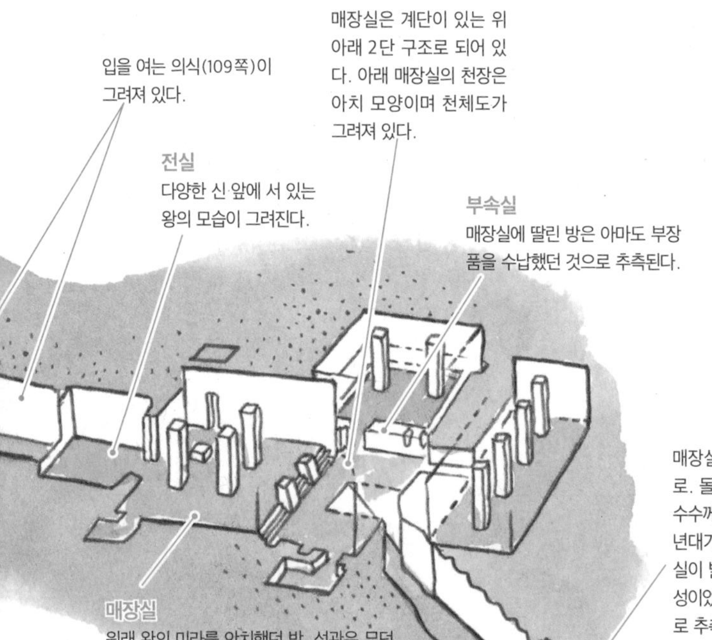

매장실은 계단이 있는 위아래 2단 구조로 되어 있다. 아래 매장실의 천장은 아치 모양이며 천체도가 그려져 있다.
입을 여는 의식(109쪽)이 그려져 있다.
전실
다양한 신 앞에 서 있는 왕의 모습이 그려진다.
부속실
매장실에 딸린 방은 아마도 부장품을 수납했던 것으로 추측된다.
매장실에서 더 아래로 향하는 통로. 돌더미가 쌓여 있어 오랫동안 수수께끼로 남아 있었지만, 2000년대가 되어 막다른 길이라는 사실이 밝혀졌다. 무덤 자체가 미완성이었기 때문에 방치되었을 것으로 추측된다.
매장실
원래 왕의 미라를 안치했던 방. 석관은 무덤 밖으로 갖고 나와 현재 이 장소에는 없다.

한 걸음 더 | 고대 이집트학의 공로자 ②

마리에트

오귀스트. F. 마리에트(1821~1881년)

문화재의 현지 보관을 위해 힘을 쏟다

프랑스인 이집트 학자. 1851년부터 4년 동안 파피루스 문서를 수집해 프랑스의 루브르 미술관에 소장하기 위해 처음 이집트로 향한다. 1857년에 다시 이집드로 가서 1858년에 창설된 이집트 고고국의 초대 국장으로 취임했다. 마리에트는 문화재는 현지에 보관되어야 한다는 방침을 내세웠다. 그리고 1863년에 카이로의 부라크 지구에 있는 창고를 개조해서 고고 유물을 수장했는데, 카이로 이집트 박물관 탄생의 첫걸음이 되었다. 마리에트는 박물관에 전시하는 유물 수집을 목적으로 사카라의 세라페움을 비롯한 이집트의 모든 땅을 발굴하는 데 종사하였고, 제4왕조의 라호테프와 네페르트의 조각상 등 현재 카이로 이집트 박물관에 있는 수많은 조각상 등을 발견했다. 1867년에 파리에서 개최된 만국박람회에서 고대 이집트의 고고 유물을 전시했는데, 나폴레옹 3세 황후의 유물 증정 요구에 따르지 않았다는 이유로 프랑스의 원조가 끊겼다. 마리에트는 당뇨병이 악화되어 카이로에서 1881년 1월에 세상을 떠났다. 그의 유해는 현재 카이로의 타흐리르 광장에 있는 이집트 박물관의 동상 앞에 이집트식 관 속에서 잠들어 있다.

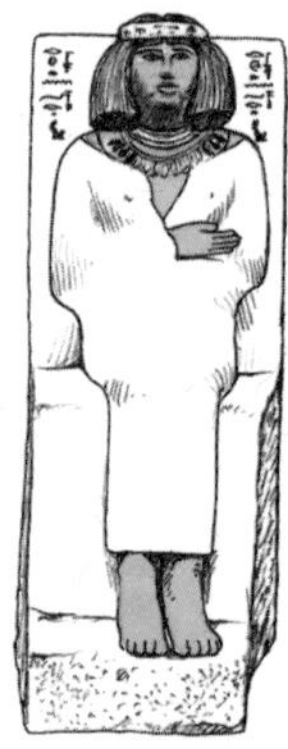

마리에트는 메이둠의 마스타바에서 라호테프와 네페르트의 조각상도 발견했다. 이 조각상이나 오른쪽 카프레의 조각상은 둘 다 이집트 미술의 걸작으로 이름이 높다.

기자에 있는 카프레 피라미드의 하안 신전을 발굴한 것도 마리에트의 공적이다. 붉은색 화강암이 아름다운 하안 신전에서 섬록암으로 만들어진 카프레의 유명한 조각상도 발견했다.

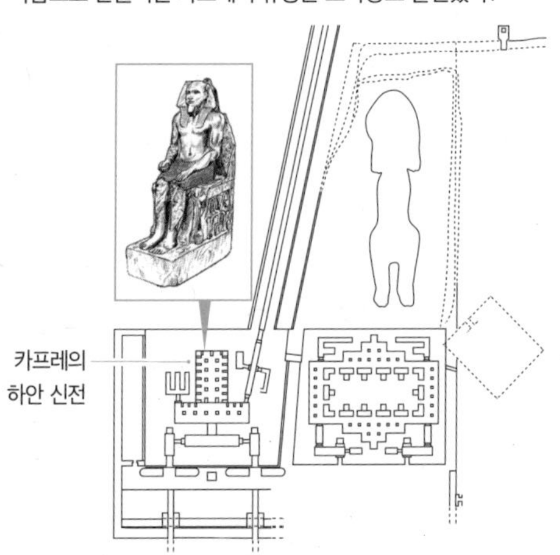

3장

미라와 고대 이집트의 삶과 죽음, 그리고 신들

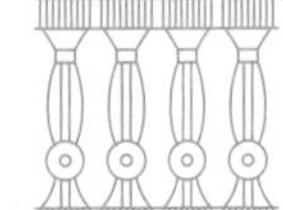

영원한 생명을 갈구하며

고대 이집트의 삶과 죽음

고대 이집트인은 사후에 다시 살아나고 부활하여 영원한 생명을 얻기를 바라며 선사와 선왕조 시대부터 극진하게 장례를 치렀다. 선왕조 시대 후반기부터는 엘리트층이 점점 두각을 나타내며 사회는 더 복잡해졌다. 신분 차이가 생기고 무덤의 크기에도 영향을 줬다. 묘역이 확대되고 타원형인 수혈무덤이 대다수를 차지하는 가운데 직각 모양(네모)의 대형 무덤이 나타났다. 그때까지는 자연 건조 미라를 보존하는 것이 가능했는데, 무덤이 점점 거대해지면서 사체의 건조가 억제되어 부패하고 백골화되었다. 그때 인공 미라 제작기술이 발달했다.

고왕국 시대까지는 사후에 부활해 영생할 권리가 왕이나 왕족 등 일부 지배자층들에게만 한정되었는데, 고왕국 시대가 막을 내리자 오시리스 신앙이 대중화되면서 인공 미라 제작은 사회의 하층민들에게까지 널리 퍼졌다. 그리고 중왕국 시대를 거쳐 제2중간기 말에 '사자의 서'가 성립되면서 삶과 죽음의 세계관이 확립되었다.

사후에 다시 살아나기 위한 미라 만들기

고대 이집트인은 죽은 후에 부활해서 영원한 생명을 얻는다고 믿었다. 그래서 미라를 만들었다. 아누비스 신의 가면을 뒤집어쓴 미라 장인들은 죽은 자의 사체에서 심장 이외의 장기와 뇌를 적출했다. 장기는 옆구리를 절개해서 적출했고, 뇌는 콧구멍 속의 뼈를 부수어서 몸 밖으로 빼냈다.

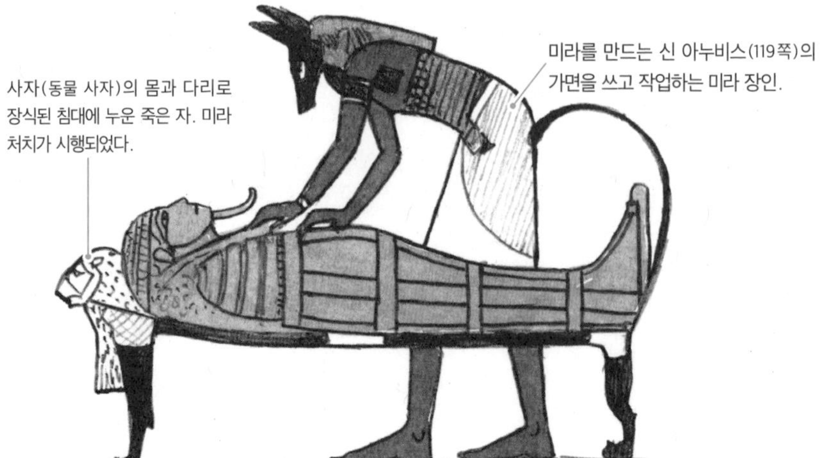

사자(동물 사자)의 몸과 다리로 장식된 침대에 누운 죽은 자. 미라 처치가 시행되었다.
미라를 만드는 신 아누비스(119쪽)의 가면을 쓰고 작업하는 미라 장인.

인간의 존재에서 빠질 수 없는 다섯 가지

고대 이집트인들에게 인간의 존재에서 빠질 수 없는 요소로 바·카·아크·이름·그림자를 들 수 있다. 이 다섯 가지는 인간이 존재함에 있어서 개인의 육체뿐만 아니라 생전과 사후의 양쪽 세계에서 빠질 수 없는 요소였다.

바(ba)

인간의 머리를 가진 새의 모습으로 표현된다. 개인을 특징 짓는 정신적 부분을 모두 상징하는 것. 사후에 미라로서 무덤에 매장된 사자의 육체는 움직이지 못하지만, 사자의 바는 육체를 떠나 자유롭게 날아다닐 수 있었다.

카(ka)

카는 히에로글리프로 '위로 들어올린 양팔'로서 표현된다. 카 또한 영적인 존재로 무덤에 바쳐진 공물을 받아 생명력을 유지하는 역할로 여겨졌다. 사자에 바치는 공물은 무덤의 가짜 문 앞에 마련되었다. 가짜 문 앞에는 사자의 조각상(카 상)이 놓였다. 공양문에서 공물은 사자 자신이 아닌 사자의 카를 위한 것이라고 읊었다.

아크(akh)

'아크'는 바와 카가 합체해서 형성된 것이다. 아크가 됨으로써 영원히 불멸하고 불변한 존재가 되었다. 사자가 저승에서 살 때의 모습이다.

그림자(shwt)

'그림자'라는 존재 또한 모든 인간에게 중요한 요소로 여겨졌다. 슈트라 불리며 그림자는 인간을 위험으로부터 지키는 역할을 한다.

이름(ren)

이름을 매우 중요한 요소로 여겼다. 이름이 없으면 인간으로서 정식 존재가 되지 않는다고 믿었다.

문 앞에 선 그림자.
바에게 인도되고 있다.
바

사자를 부활시키는 주문을 기록한 '사자의 서'

제2중간기 말에 완성된 '사자의 서'는 고대 이집트를 대표하는 장례 문서이다. 이집트 명칭은 '루 누 페레트 엠 헤루', 즉 '빛으로 나오기 위한 책'이라는 의미이다. 사자를 내세에서 부활시키기 위한 200개 정도의 장(주문)으로 구성되어 있다. 파피루스 두루마리에 기록되어 무덤에 시신과 함께 묻었다. 신왕국 제18왕조 투트모세 4세의 치세 이후에 삽화가 그려졌다. 아래 그림은 '사자의 서' 125장의 삽화이다.

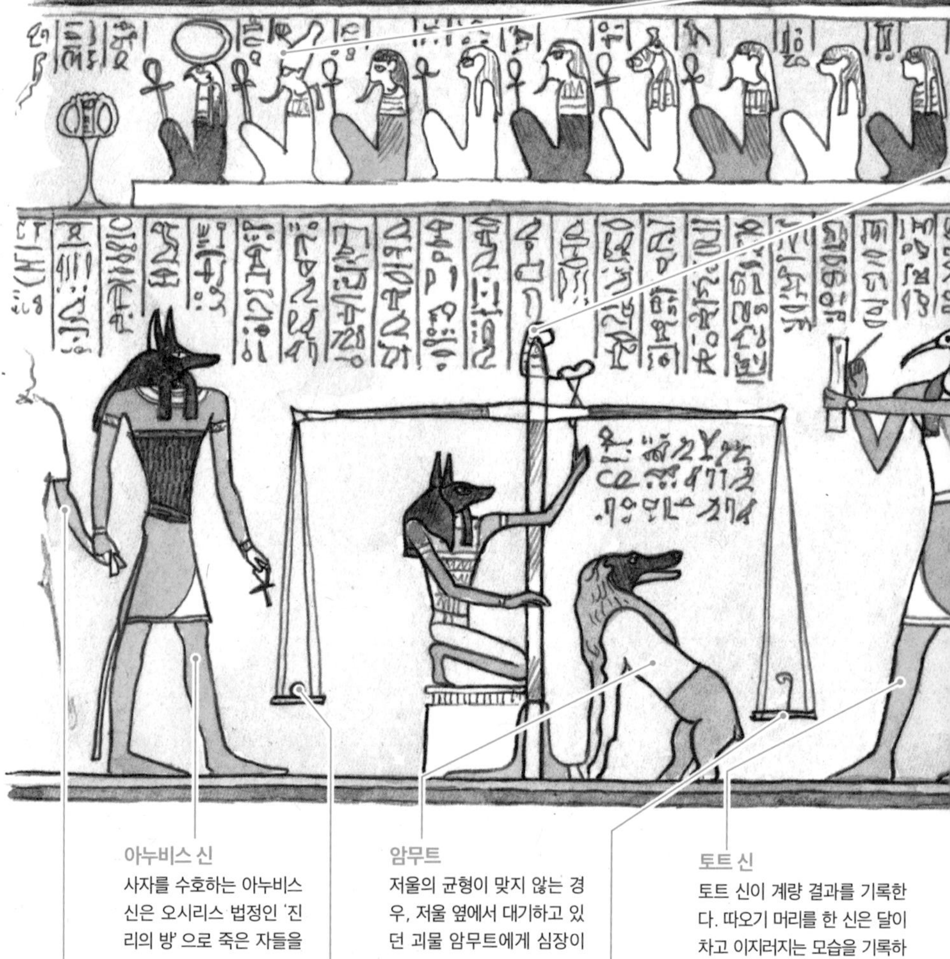

아누비스 신
사자를 수호하는 아누비스 신은 오시리스 법정인 '진리의 방'으로 죽은 자들을 인도한다.

암무트
저울의 균형이 맞지 않는 경우, 저울 옆에서 대기하고 있던 괴물 암무트에게 심장이 먹혀 죽은 자가 될 수 없다.

토트 신
토트 신이 계량 결과를 기록한다. 따오기 머리를 한 신은 달이 차고 이지러지는 모습을 기록하는 달력과 서기의 신이었다.

사자(죽은 자)
아누비스의 인도에 따라 심장을 재는 곳으로 간다.

심장
사자의 심장은 양심을 상징한다. 마아트의 깃털로 심장의 무기를 측정한다.

깃털
정의와 진리의 여신 마아트의 깃털. 사자의 심장과 무게를 비교할 때 쓰인다.

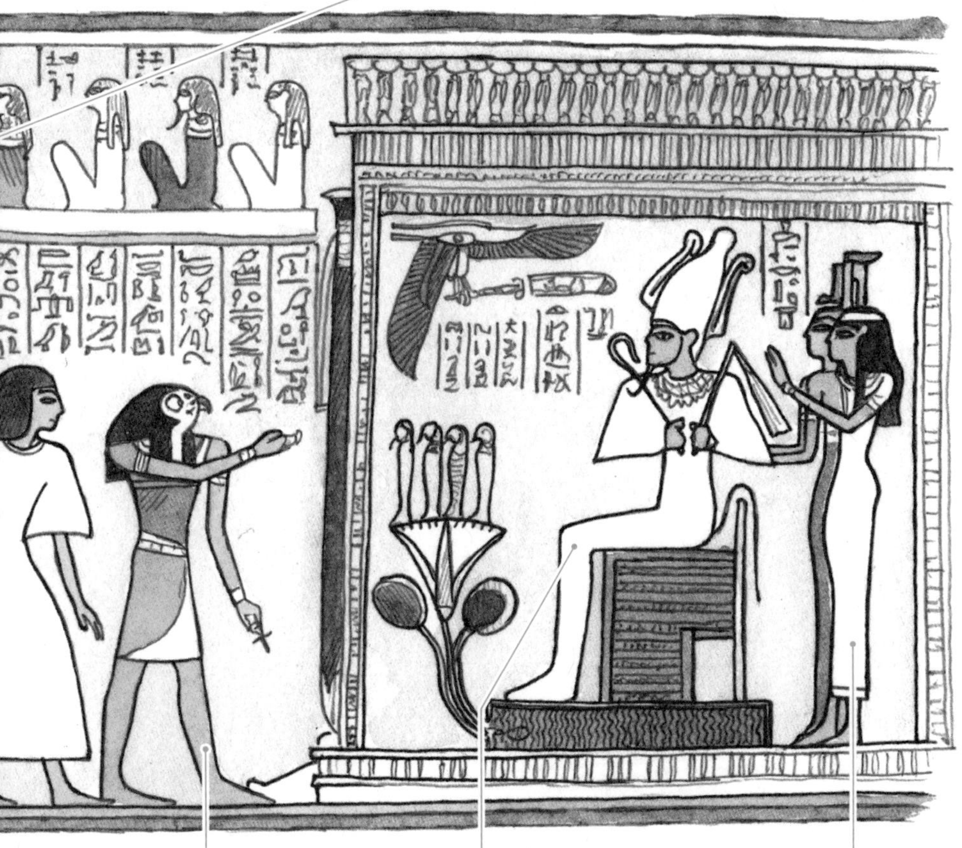

신들
헬리오폴리스의 9신(115쪽)이나 배심원인 42주의 신들. 사자는 신들 앞에서 '죄의 부정 고백'이라고 해서 생전에 죄를 저지르지 않았다는 사실을 선언한다.
양팔 저울
죽은 자의 심장이 우주의 섭리인 마아트의 날개와 균형이 맞는지 계량한다. 무겁고 가볍고는 전혀 관계가 없다.
호루스 신
오시리스 신과 이시스 여신의 자식이다. 뒤에 있는 사자를 오시리스 신에게 소개하고 있다.
오시리스 신
심장 계량을 마친 사자는 오시리스 신 앞에 바쳐진다. 오시리스 신은 왕좌에 앉아 있다. 오시리스 신 앞에는 호루스의 아들 4명이 그려져 있다.
이시스 네프티스 여신
오시리스 신 뒤에는 그의 누이이자 아내인 이시스 여신과 누이 네프티스 여신이 서서 사자를 맞이한다.

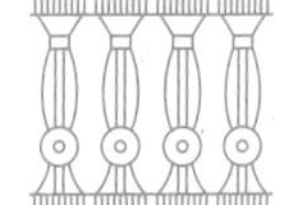

사체를 보존하는 인공 미라

미라 만드는 법

미라 만드는 순서

① 뇌를 긁어낸다

막대기로 된 긁개로 콧구멍 속에 있는 뼈를 부수어 뇌를 액체 상태로 적출했다. 감정이나 사고는 심장이 담당한다고 생각해서 뇌는 중요하게 여기지 않았다.

② 장기를 끄집어낸다

돌칼을 써서 왼쪽 옆구리를 세로로 절개하고 거기서 체내의 장기를 적출했다. 심장만은 마아트의 깃털과 견주어 계량할 때 필요해서 적출하지 않고 원래 장소에 다시 넣었다.

③ 사체를 씻고 수지를 넣는다

아마천이나 파피루스를 써서 사체의 표면과 내부를 깨끗이 씻은 다음 텅 빈 머리에는 데워서 액체 상태로 만든 수지(나뭇진)를 흘려 넣었다. 수지는 안에서 식어 굳은 상태가 된다.

장기를 보존하는 카노푸스 단지

적출된 내장 중에서 간, 위, 폐, 장은 카노푸스 단지에 넣었다. 네 개의 단지 뚜껑은 '호루스의 네 아들' 인 4주의 신들 머리를 본떴다. 대장처럼 내장의 양이 많아서 단지에 넣지 못한 것도 있었다.

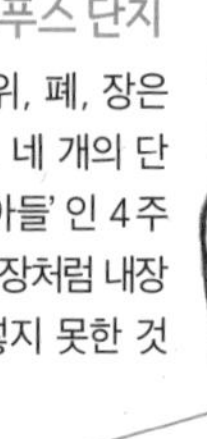

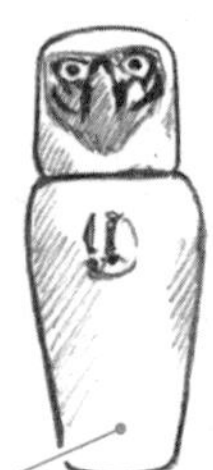

두아무테프(자칼)
자칼 머리를 한 신. 위를 수호하는 신. 동쪽 방향과 보호 여신인 네이트 여신과 관련된 신.

하피(개코원숭이)
개코원숭이의 머리를 한 신. 폐를 수호하는 신. 북쪽 방향과 보호 여신인 네프티스 여신과 관련된 신.

케베세누프(매)
매의 머리를 한 신. 장을 수호하는 신. 서쪽 방향과 보호 여신인 세르케트와 관련된 신.

임세티(인간)
인간의 머리를 한 신. 간을 수호하는 신. 남쪽 방향과 보호 여신인 이시스 여신과 관련된 신.

고대 이집트인은 내세에서 재생 부활하여 영원한 생명을 얻기 위해 시행착오를 반복하며 최상의 방법으로 미라를 만들었다. 지금까지 인공 미라의 기원은 왕조 시대에 시작했다고 했는데, 최근에는 선왕조 시대 말기까지 인공 미라가 제작되었을 것으로 추측된다. 인공 미라가 만들어지기 전부터 몇 개의 자연 건조 미라가 발견되었다. 최근의 연구에서는 이들 미라에 문신 흔적이 있다는 사실이 밝혀졌다. 미라는 일반적으로 왕조 시대에 접어들어 무덤이 점점 거대해지면서 사체가 부패해 백골이 된 것을 계기로 만들어졌다고 추측된다. 또한 고대 이집트에서는 중왕국 시대 이후에 오시리스 신앙이 널리 퍼지면서 미라 만들기가 번성했다.

신왕국 시대, 제3중간기와 말기왕조 시대에 와서도 수많은 미라가 만들어졌다. '사자의 서'라는 두루마리, 카노푸스 단지, 샤브티(부장 인형), 호부(부적) 등도 계속해서 같이 묻었다. 헤로도토스의《역사》에는 미라를 만들 때 소나무·대나무·매화나무 중 어떤 나무를 썼는지에 따라 등급 차이가 있다고 기록되어 있는데, 출토된 미라를 살펴보면 빈부 격차 때문에 미라에 등급 차이가 있었다고 일률적으로 설명할 수 없다는 사실이 판명되었다.

④ 나트론으로 탈수한다

사체를 건조하고 탈수할 때는 나트론이라는 탄산염광물을 사용했다. 사체의 내부에는 나트론을 채우고 전체도 나트론으로 덮은 후 40일 동안 건조시켰다.

⑤ 모양을 다진다

건조하면 사체는 뼈와 껍질 상태가 되므로 다시 씻어서 향유와 수지를 바르면 텅 빈 배에 톱밥을 넣거나 푹 꺼진 눈에 의안을 넣는 등 생전의 모습과 가까워지도록 작업했다.

⑥ 붕대를 감는다

아마천 붕대를 정성 들여 감쌌다. 머리, 몸통, 다리, 팔과 몸의 각 부위를 따로 감고 나서 마지막에는 전체를 큰 천으로 감는다. 큰 천은 생전에 입었던 의상을 재단해서 다시 이용하는 경우도 있었다.

다양한 부적

미라가 된 사자의 사체를 보존하고 재생과 부활을 더 확실하게 하기 위해 다양한 부적을 붙였다. 붕대 사이에 같이 감긴 것도 있다. 확실한 재생을 갈구했음을 알 수 있다.

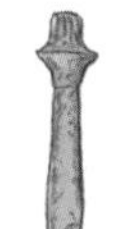
파피루스 기둥

앙크(ankh)

제드 기둥

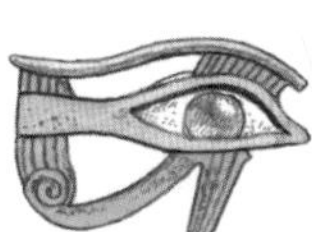
호루스의 눈

티에트(Tyet)

파라오의 미라

제3중간기에 파라오의 미라는 왕가의 계곡에서 비밀의 장소로 옮겨졌다. 1870년대에 데이르 엘 바흐리에 있는 비밀의 장소(DB320)에서 도굴단이 발견은 했는데 그들 사이에 내분이 일어나 1881년에 고고국이 알게 되었고, 이들이 조사한 결과, 투트모세 3세나 세티 1세, 람세스 2세 등 10구의 파라오 미라가 발견되었다. 1898년에는 왕가의 계곡에 있는 아멘호테프 2세의 무덤 내부에서 아멘호테프 3세 등 9구의 파라오 미라가 발견되었다.

람세스 5세의 미라. 손을 교차한 자세는 오시리스 신을 모방한 것. 왕이 죽은 뒤 오시리스 신과 일체화하기 위함이다.

왼쪽 옆구리에 내장을 적출할 때 절개된 흔적이 남아 있다.

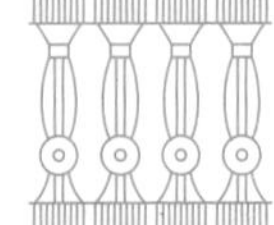

나일강을 건너 저승으로 떠나는 여행

장례 의식

장례 행렬과 무덤 앞 의식이 중요한 이벤트

장례 행렬

죽은 자의 유해는 미라가 되어 나일강을 건너 무덤이 있는 서안으로 향한다. 항구에서 무덤까지는 무덤에 같이 넣을 부장품 등을 든 시종들의 긴 행렬이 이어진다.

아멘호테프 3세의 재상 라모세의 무덤에 있는 벽화. 무덤으로 향하는 공물을 옮기는 시종들의 장례 행렬이 그려져 있다.

장례 행렬을 향해 슬픔의 눈물을 흘리는 여인. 우는 여인들의 머리 위치가 밀집되어 있고 높이도 제각각인 것을 통해 감정의 기복을 나타내고 슬픔의 깊이를 강조한다.

장례 행렬에는 미라가 된 시신을 넣은 관이 든 궤와 무덤에 같이 묻을 가구, 그리고 온갖 용기, 천, 식량 등이 같이 운반되었다.

제19왕조의 서기 아니의 '사자의 서'에 그려진 삽화의 장례 행렬.

사자의 관을 넣은 궤에는 사자의 친구나 친족 등이 따라붙어 무덤까지 행진한다.

시신을 넣은 궤에는 시신을 지키기 위해 이시스 여신과 네프티스 여신이 그려졌다.

사자의 미라가 들어 있는 관을 따라 사자의 친구나 친족이 장례 행렬을 지어 무덤으로 향한다. 사자의 친구 9명이 관을 운반한다.

사자의 오감을 되살리도록 입을 여는 의식

시신을 무덤에 묻기 전에 무덤 앞에서 거행하는 중요한 의식이다. 사자인 미라의 입에 자귀를 대서 사자의 오감이 되살아나도록 하는 것이었다. 이 의식으로 사자는 공물을 먹고 마시거나 기도의 말을 들을 수 있게 된다고 여겼다.

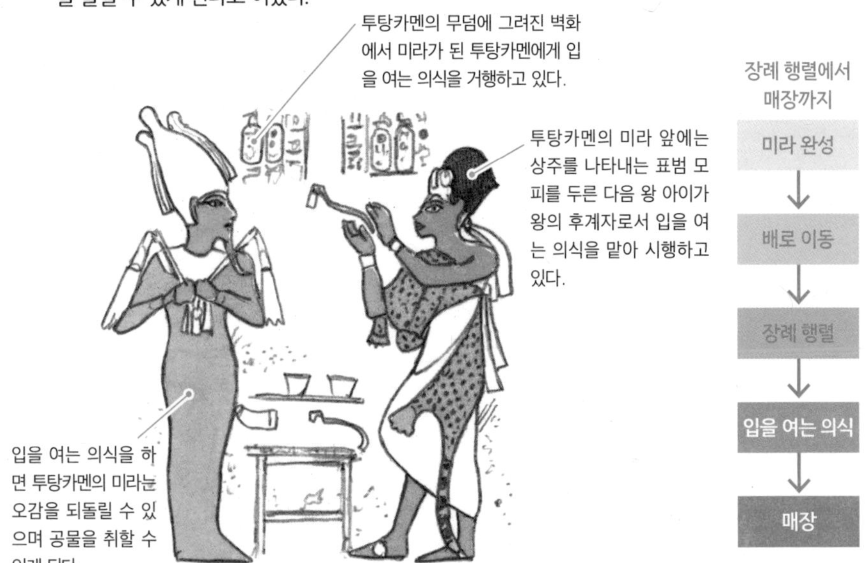
투탕카멘의 무덤에 그려진 벽화에서 미라가 된 투탕카멘에게 입을 여는 의식을 거행하고 있다.
투탕카멘의 미라 앞에는 상주를 나타내는 표범 모피를 두른 다음 왕 아이가 왕의 후계자로서 입을 여는 의식을 맡아 시행하고 있다.
입을 여는 의식을 하면 투탕카멘의 미라는 오감을 되돌릴 수 있으며 공물을 취할 수 있게 된다.
장례 행렬에서 매장까지
미라 완성
배로 이동
장례 행렬
입을 여는 의식
매장

고대 이집트 왕의 장례식은 어땠을까? 신왕국 시대의 왕묘가 존재했던 테베를 예로 들어 살펴보자.

왕은 즉위하면 왕가의 계곡에 무덤을 만들기 시작한다. 무덤의 위치가 어떻게 정해졌는지는 아직 알려지지 않았지만, 왕가의 계곡이 있는 바위산을 파서 암굴 무덤을 만든 것은 분명하다. 왕의 죽음은 갑자기 찾아온다. 왕이 죽으면 무덤 공사는 중지되고 매장 준비가 이루어진다. 왕의 유해는 미라로 만드는데, 보통 70일이 걸리기 때문에 이 기간에 무덤의 마무리나 부장품 정비도 동시에 진행했다.

미라가 완성되면 왕가의 계곡에 있는 무덤으로 매장하기 위해 나일강 동안에서 무덤이 있는 서안으로 유해를 배에 태워 강을 건넜다. 나일강을 건너 서안으로 가는 것은 사자가 저승으로 들어가는 것을 상징했다. 서안에 도착하면 장례 행렬이 왕가의 계곡을 향해 나아간다. 장례 행렬에는 우는 여인 등도 함께했고 무덤에 넣을 부장품 등은 시종들이 옮겼다. 매장하기 전에 무덤의 마당 앞에서 표범 모피를 두른 상주가 입을 여는 의식을 집행했다. 이렇게 하면 오감이 부활하고 공물을 먹을 수 있게 된다고 여겼다.

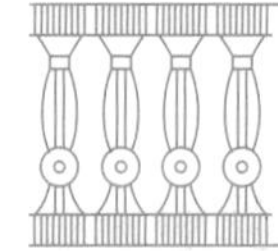

고인의 변함없는 생활을 위해

파라오의 부장품

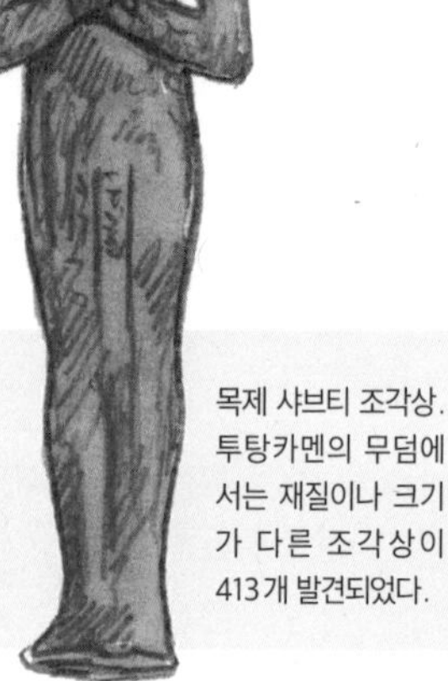

사후 세계에 가져가기 위한 부장품들

왕의 무덤에 유해와 함께 묻는 물건들은 왕을 매장할 때 매우 중요한 의미가 있는 것들이었다. 부장품은 무덤의 규모와 상관없이 거의 정해진 것들을 같이 묻었다. 투탕카멘의 무덤을 예로 들어 소개하겠다.

샤브티 인형(조각상)

사후에 주인에게 봉사하는 역할을 하는 작은 조각상으로 중왕국 시대 후기에 나타났다. 신왕국 시대에 '사자의 서' 제6장은 '샤브티의 장'이라 불리며 저승에서 주인을 위해 농사일 등 노동을 하는 역할을 했다.

목제 샤브티 조각상. 투탕카멘의 무덤에서는 재질이나 크기가 다른 조각상이 413개 발견되었다.

내세에서도 살아생전과 조금도 다름없는 생활을 보내기 위해 다양한 물건을 부장품으로 같이 묻었다. 이 물건들은 무덤에 묻기 위해 새로 준비한 것들과 사자가 생전에 사용하던 것 두 가지로 크게 나뉜다.

아쉽게도 왕가의 계곡에 있는 무덤 대부분이 도굴되어 무덤에 묻혀 있던 호화로운 부장품들을 잃어버렸는데, 유일하게 두 차례 정도 아주 가벼운 도굴만 있었을 뿐 대부분 그대로 발견된 투탕카멘의 무덤을 보면 당시에 어떤 부장품들이 묻혔는지 추측할 수 있다. 투탕카멘의 무덤에는 수천 점에 달하는 부장품이 있었는데, 호화찬란한 보석 장식들에서부터 가구, 이륜전차, 배의 모형, 무기, 의복, 와인이나 고기 등의 식량에 이르기까지 다양한 물품이 포함되어 있었다. 투탕카멘의 무덤 규모가 다른 무덤에 비해 매우 작았기 때문에 더 큰 규모의 다른 무덤은 어느 정도일지 예측하기도 했다. 그러나 현재는 투탕카멘의 무덤에 있던 부장품이 왕묘의 표준이 되어버리는 바람에 다른 왕묘의 부장품도 비슷했을 것으로 추측한다.

여성 지배자의 조각상

검은 표범 위에 선 왕의 조각상은 투탕카멘보다 앞의 지배자로 추측된다.

다른 조각상과는 뚜렷하게 다른 여성의 모습으로 표현되어 있다.

의식용 물품

신들의 조각상이나 의식용 침대, 가구 등 도구류, 의류, 장신구 등 왕이 저승에서 의식에 사용할 물품들이 같이 묻혔다.

의식용 침대

암소의 여신인 메헤트와레트를 나타낸다. 몸체의 세 꽃잎 무늬에는 파란색 유리가 박혀 있다.

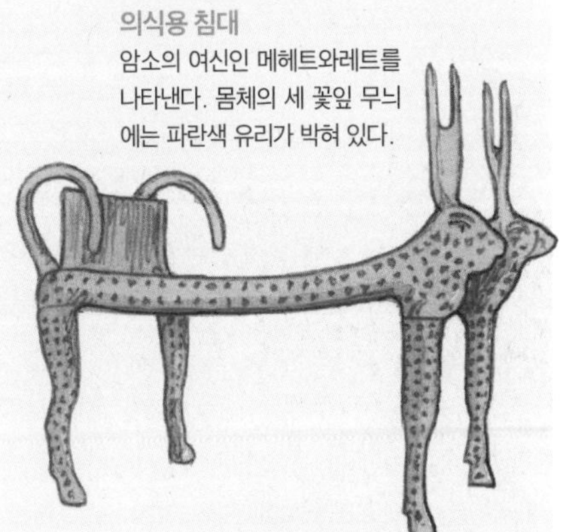

일용품

생전에 사용했던 가구나 일상 용품 등도 사자와 함께 무덤에 묻혔다. 투탕카멘의 무덤에는 생전에 사용했던 아텐 신이 새겨진 왕좌나 왕의 속옷인 들보까지 발견되었다.

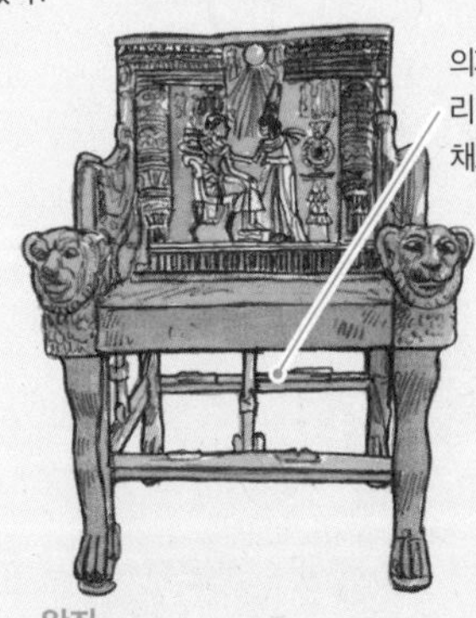

의자 아래의 테두리 장식은 망가진 채로 있다.

왕좌

금박을 붙인 왕좌에는 아텐 신의 가호를 받는 왕과 왕비의 모습이 그려져 있다.

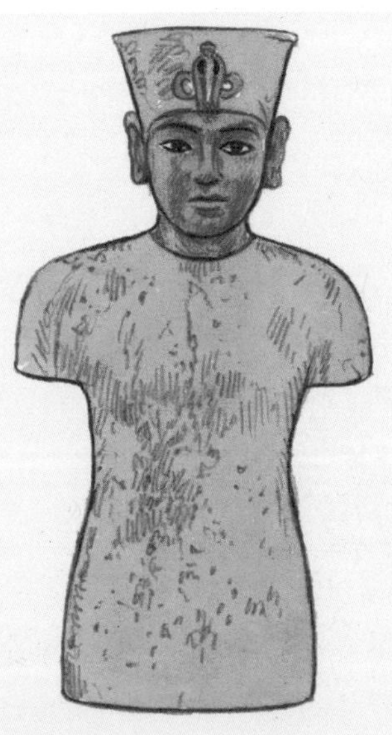

마네킹

나무로 만들어 회반죽으로 칠해져 있었다. 왕의 얼굴과 비슷하게 만든 의상걸이(옷걸이)였다.

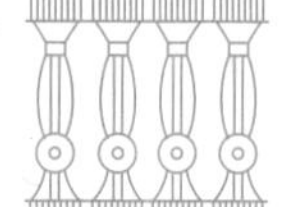

주변에 존재하는 만물에서 신성을 느끼다

고대 이집트인의 신앙

고대 이집트인은 가까이에 존재하는 온갖 사물에 신성을 느끼며 신이 깃들어 있다고 믿었다. 다신교 세계에서는 이러한 생각이 일반적이다. 고대 이집트의 종교 문서인《암두아트의 서》에는 700명이 넘는 신들의 이름이 기록되어 있다.

고대 이집트인은 태양이나 달, 별 등의 우주, 하늘이나 땅, 대기, 산, 강, 사막 등의 자연환경, 인간의 능력을 훨씬 뛰어넘는 힘을 가진 동물, 예를 들어 인간이 할 수 없는 하늘을 나는 능력이 있는 들새를 특별한 존재로 여겼다. 이 사실은 고대 이집트에 새의 신들이 여럿이었다는 것만 봐도 수긍이 간다. 새 말고도 인간의 힘과 비교도 할 수 없을 정도로 흉폭하고 강력한 힘을 가진 동물인 사자, 하마나 악어, 들소 등도 숭배했다. 게다가 동물의 변을 동그랗게 만들어서 보금자리로 옮기는 쇠똥구리도 태양신으로 숭배했다.

국가의 신앙과 민간 신앙

고대 이집트인이 신앙의 대상으로 삼은 신들은 국가의 최고 신이었던 국가신, 각 지방에서 숭배했던 지방신, 태양이나 달 등의 우주신, 그리고 각 가정에서 믿었던 민간 신앙까지 참으로 다양했다. 민간 신앙의 대표격은 조상 숭배인데, 조상의 조각상을 가정에 두고 숭배했다. 또한 임신이나 출산 등을 위한 부적과 순산의 신인 베스 신이나 타와레트 여신 등은 매우 인기 있는 신들이었다.

눈은 두리번거리고 수염이 났으며 혓바닥을 내민 괴기한 모습으로 표현된 베스 신. 겉모습과 달리 출산이나 가정의 수호자로 여겨져 인기가 있었다.

국가신의 변천

초기왕국 시대

호루스
나르메르 왕의 팔레트에 등장(23쪽)하며 기원은 오래됐다. 초기왕조부터 왕은 호루스 신의 화신으로 여겨지며 왕명과 호루스명을 가졌다.

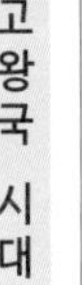

세트
제2왕조 말기의 왕 페리브센은 호루스명 대신 세트 신을 받드는 세트명을 사용했다.

고왕국 시대

라
고왕국 시대에 접어들면 헬리오폴리스의 태양신 라의 힘은 절대적이 된다. 왕명 중에 탄생명으로 라 신의 아들 이름이 추가됐다.

중왕국 시대

멘투
고왕국 시대 말기부터 중왕국시대 초기에 걸쳐 테베의 수호신이었던 전쟁의 신 멘투는 매의 머리를 가진 신이었다.

신왕국 시대

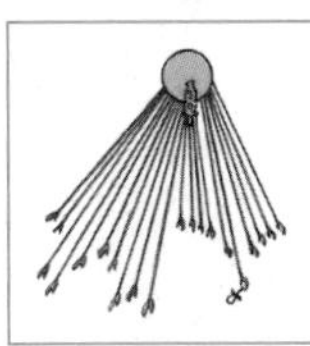

아멘·라
테베의 주신인 아멘과 태양신 라를 습합(학설이나 교리를 절충하는 것-옮긴이)하여 중왕국 이후에는 아멘·라 신으로서 국가신이 되었다.

아텐
18왕조 아멘호테프 4세는 태양신 아텐을 유일신으로 섬기는 종교 개혁을 단행하여 수도를 테베에서 아마르나로 옮겼다.

라 호르아크티
헬리오폴리스의 태양신으로 라 신과 호루스 신이 습합한 신. 신왕국 이후에 숭배하게 되었다.

주요 신앙의 땅과 신들

이집트 각지에서는 저마다의 신들을 섬겼다. 나일강 유역에는 남쪽의 상 이집트에 22개의 노모스와 북쪽의 하 이집트에 20개의 노모스를 합쳐 총 42개의 노모스가 존재했고, 각 노모스의 수호신이 있었다. 지방신의 신전을 중심으로 각지에 도시가 형성되어 발전했다.

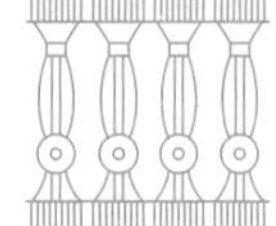

창조신이 이 세계를 만들어냈다

창세 신화와 신들

고대 이집트에는 네 곳의 종교 중심지가 있었다. 북쪽부터 헬리오폴리스·멤피스·헤르모폴리스·테베이다. 그중 북쪽의 멤피스와 남쪽의 테베는 남북 이집트의 행정상 중심 거점이었다. 그래서 남북의 왕도였던 두 대도시를 제외하고 나머지 두 도시가 이집트의 종교 센터로 큰 힘을 갖고 있었다.

태양신앙의 중심지 헬리오폴리스에서는 창조신 아툼이 태초의 바닷속에서 스스로 나타나 그의 침으로 대기의 신 슈와 습기의 여신 테프누트를 창조했고, 그들에게서 대지의 신 게브와 하늘의 여신 누트가 탄생했다. 그 후 게브 신과 누트 여신에게서 오시리스 신, 세트 신, 이시스 여신, 네프티스 여신이 태어났다. 헬리오폴리스 창세 신화에 얽힌 헬리오폴리스 9신이란 아툼 신부터 이 신들까지 9주의 신을 말한다.

주요 창세 신화

고대 이집트 네 곳의 종교 중심지(헬리오폴리스·멤피스·헤르모폴리스·테베) 중에서 2대 중심지인 헬리오폴리스와 헤르모폴리스의 창세 신화가 독자적이었다고 할 수 있다.

창조신 프타

헤르모폴리스의 창세 신화

'태초'인 천지 창조 때 네 쌍의 남녀 신들로 이루어진 8주가 세계를 창조하고 지배했다. 남신은 개구리, 여신은 뱀의 머리를 하고 있었다.

멤피스의 창세 신화

프타 신이 아툼 신보다 우위에 있다는 사실을 나타내기 위해 프타 신을 원시의 바다 눈과 동일시했고, 눈과 그의 딸인 나우넷 여신에게서 아툼 신이 탄생했다고 한다.

헬리오폴리스의 창세 신화

원시의 바다 눈에서 스스로 탄생한 아툼 신은 자신의 타액으로 대기의 신 슈와 습기의 여신 테프누트를 만들었고, 또 그들에게서 대지의 신 게브와 하늘의 여신 누트가 탄생했다.

창조신 아툼

헬리오폴리스 신화의 신들

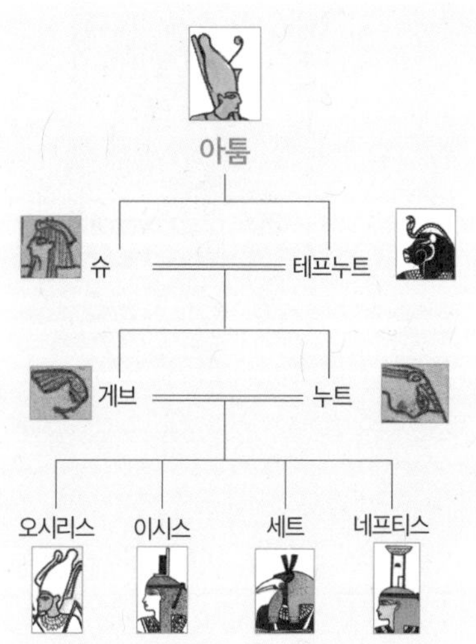

아툼 신이 대기의 신 슈와 습기의 신 테프누트를 창조했다. 슈 신과 테프누트 여신에게서 땅의 신 게브와 하늘의 여신 누트가 태어났다. 또한 게브 신과 누트 여신에게서 오시리스 신, 이시스 여신, 세트 신, 네프티스 여신이 태어났고 아툼 신부터 이 4신까지를 '헬리오폴리스의 9신'이라고 불렀다.

아툼

아툼 신은 헬리오폴리스(고대 이우누)에서 받들어졌던 태양이며 라 신보다 기원이 더 오래된 신이었다. 그래서 태양신 라와 습합하는 경우에는 다른 신들과 달리 예외적으로 라·아툼 신이라는 형태를 취한다. 또한 아툼 신은 종종 서쪽 지평선으로 잠드는 석양을 상징한다.

누트

하늘의 여신 누트. 손과 발을 땅에 대고 버티는 발가벗은 여성으로 표현된다. 누트 여신의 몸은 하늘이어서 낮에는 태양이 지나는 길이 되고 밤에는 별이 빛났다. 아침에 동쪽 하늘에 태양을 만들어낸다고 해서 재생을 담당하는 이미지가 있었다.

슈

아툼 신이 자신의 침으로 만들어낸 신이 바로 대기의 신 슈와 습기의 여신 테프누트였다. 슈라는 신의 이름은 풍선에서 공기가 새는 소리 '슈' 에서 유래했다고 추측된다. 슈 신과 테프누트 여신에게서 게브 신과 누트 여신이 탄생했다.

게브

대지의 신. 대기의 신 슈와 습기의 여신 테프누트 사이에서 탄생했다. 하늘의 여신 누트와의 사이에 오시리스 신, 세트 신, 이시스 여신, 네프티스 여신을 창조했으며 이 4주 신들의 아버지이다.

암사자의 머리. 게다가 이
마에는 코브라를 얹었다.

머리 위에 이름 히에
로글리프를 붙였다.

테프누트

아툼 신이 창조해낸 습기와 비의 여신. 암사자의 머리를 가진 여신으로 그려졌다. 남편은 대기의 신 슈.

네프티스

게브 신과 누트 여신의 딸로 언니인 이시스 여신을 보좌하며 도왔다. 세트 신의 반려자로 알려져 있는데, 오빠인 오시리스 신을 사모해서 그와의 사이에 미라를 만드는 신 아누비스를 낳았다는 이야기도 있다.

오시리스

대지의 신 게브와 하늘의 신 누트 사이에 태어난 4주신의 맏이. 배우자는 누이인 이시스 여신으로 그녀와의 사이에 하늘의 신 호루스를 낳았다. 오시리스는 원래 풍요를 담당하는 신이었지만, 오시리스 신화가 탄생해 저승의 왕이 되면서 재생의 신, 불사의 상징이 되었다. 오시리스 신의 성지는 아비도스로 중왕국 시대부터 숭배하기 시작했다.

왕권의 상징인 지팡이와
작대기를 들었다.
미라 모습으로
흰 붕대를 감았다.

뿌리 깊은 인기를 자랑하는 오시리스 신화

오시리스 신은 이집트 최초의 왕으로 군림했다. 토트 신의 도움을 받으며 나라를 통치하고 어마어마한 지지를 얻었는데, 질투에 눈이 먼 아우 세트 신은 그를 죽이고 몸을 토막 내 나일강에 흘려 보냈다. 아내 이시스 여신은 누이 네프티스 여신과 미라를 만드는 신 아누비스의 도움을 받아 오시리스 신을 미라로 부활시켜 아들 호루스 신을 얻지만, 오시리스 신은 저승으로 떠나 저승의 왕이 된다. 한편 지상에서는 성장한 호루스 신이 세트 신과 싸워 왕위를 탈환한다. 호루스 신은 파라오로서 지상을 통치하게 된다.

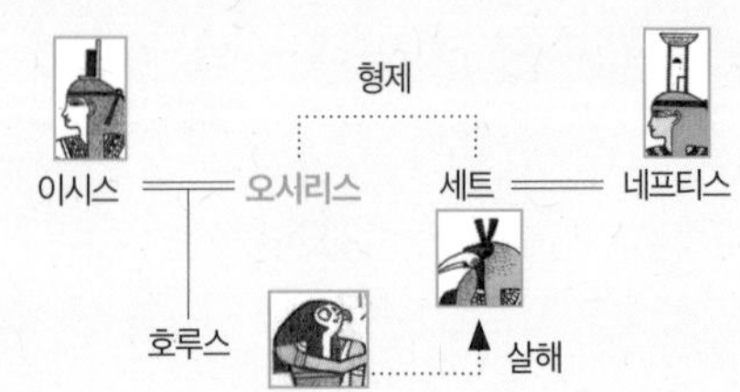

파피루스 지팡이를 들었다.

정체불명의 동물 머리를 지녔다.

이시스

오시리스 신의 누이이자 아내로 호루스 신의 어머니이다. 신들 중에서도 강한 주문의 힘을 지녔으며 오시리스 신이 살해당했을 때는 '생명 의식' 이라는 주문으로 살아나게 했다. 가정생활의 여신이며 신화 속에서 이시스 여신은 이상적인 아내이자 어머니로 여겨졌다.

세트

오시리스 신의 아우로 오시리스 신을 살해했다. 사막, 폭력, 방풍의 신으로 시리아의 바알 신과 동일시되었다. 오시리스 신을 살해했다는 이유로 오시리스 신의 아들인 호루스 신과 싸우게 된다.

그 밖의 신들

매의 머리. 매 그 자체의 모습으로 나타낼 때도 있다.

호루스

오시리스 신과 이시스 여신의 아들로 매의 모습을 한 하늘의 신. 오시리스 신화에서는 아버지를 죽인 삼촌 세트 신과 싸움 끝에 그를 쓰러뜨리고 이집트의 왕좌에 앉게 되었다고 해서 파라오는 호루스 신이 환생한 것으로 생각했다. 또한 왕을 수호하는 신으로 조각상에 그려지는 일도 많다.

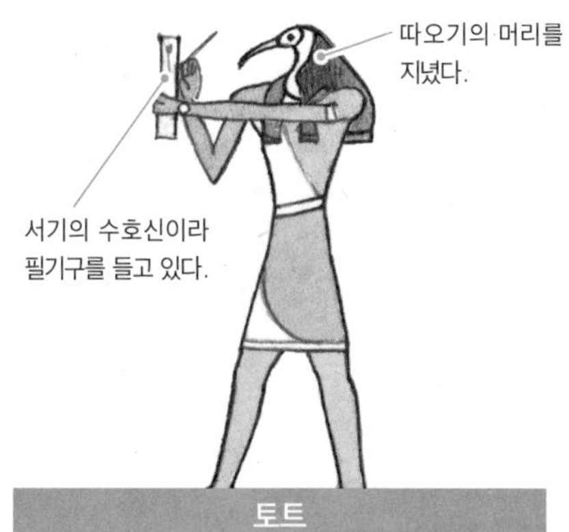

따오기의 머리를 지녔다.
서기의 수호신이라 필기구를 들고 있다.

토트

원래는 달이 차고 이지러지는 모습을 기록하는 신이었는데, 문자나 숫자를 발명했다고 하며 글과 지식에 관한 온갖 학자들의 수호신이 되었다. '최후의 심판' 으로 사자의 심장을 계량하여 기록하는 일을 비롯해서 온갖 종류의 기록에 책임을 진다.

프타

멤피스의 주신이자 창조신. 대장장이나 조각가 등의 기술자나 장인의 수호신으로 여겨진다. 머리에 꼭 맞는 독특한 헬멧 모양 모자를 쓰고 손에는 '지배'와 '안정'과 '생명'이라는 뜻의 우아스와 제드와 앙크라는 세 가지 상징이 어우러진 독특한 지팡이를 든 모습으로 표현된다.

미라 모습.

아멘

테베의 주신인 아멘 신은 제11왕조 시대에 도입된 신이었다. 태양신 라와 습합하여 아멘·라 신으로서 이집트의 최고 신까지 올라간다. 헤르모폴리스 신화의 8주신 중 하나와 아멘 신이 관련이 있다고 한다.

두 개의 깃털이
달린 관.

프타의 가계도

프라
세크메트
네페르툼

아멘의 가계도

아멘
무트
콘수

매의 머리에 날개 두 개로
이루어진 관을 쓴 모습이다.

멘투

테베의 신, 테베 남쪽 헤르몬티스의 전쟁의 신으로 여겨졌다. 특히 고왕국 시대 말기부터 제11왕조 시대에 널리 믿어졌다.

매의 머리에 태양
원반을 얹었다.

라

태양신으로서 열렬한 신앙의 대상이었다. 헬리오폴리스의 창조신 아툼 신과 습합하여 라·아툼 신이 되었고, 그 후에도 아멘 신 등과 습합했다. 고대 이집트 신앙의 중심은 태양신앙이며 수많은 태양신이 존재했지만, 라 신은 그중에서도 대표이다.

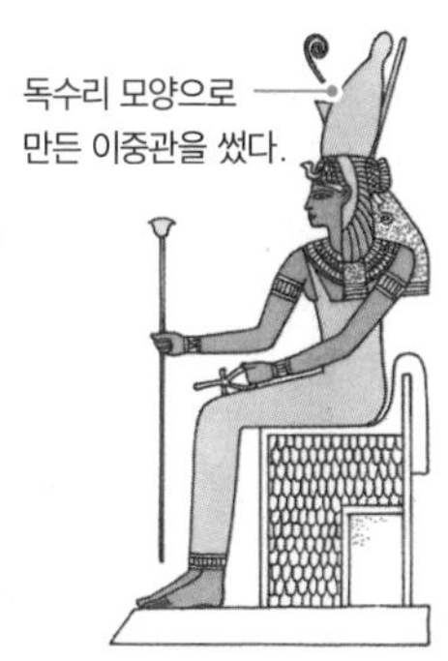

독수리 모양으로
만든 이중관을 썼다.

하프 모양의 뿔과 태
양 원반을 머리에 얹
었다.

무트

테베의 수호신으로 아멘 신의 아내이다. '무트'란 고대 이집트어로 '어머니'를 뜻한다. 테베 동안의 이쉐루가 성지였다. 카르나크 신전 이남에 무트 신전이 만들어졌다.

하토르

태양신 라의 딸이자 아내이기도 하다. 세트 신과 호루스 신이 싸웠을 때는 호루스 신의 상처를 치유했기 때문에 치료의 신으로도 섬겨졌다. 그 밖에도 사자의 수호신, 사랑과 미의 여신, 음악의 신 등 많은 성격을 가진다. 그리스의 여신 아프로디테, 로마의 여신 비너스와 동일시되었다.

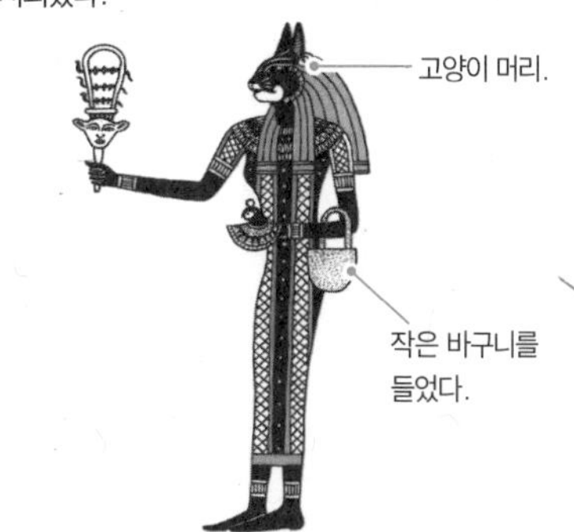

고양이 머리.
작은 바구니를

아누비스

묘지의 신으로 사자의 수호신이다. 미라를 만드는 신으로 숭배되었다. 자칼이의 머리를 가진 인물, 또는 자칼의 모습 그 자체로 그려진다. 무덤에 살게 된 자칼이 무덤을 지키는 것처럼 보인다는 것에서 유래했다.

바스테트

고양이의 여신으로 유명하지만 원래는 암사자의 모습을 한 영악한 신이었다고 한다. 이집트에서 고양이를 가축으로 기르기 시작하자 바스테트 여신의 성격은 점점 순해졌고 겉모습도 사자에서 고양이로 변하여 온화한 집의 수호신으로 여겨지게 되었다.

네크베트

대머리수리의 모습을 한 여신. 상 이집트의 왕권을 수호하는 여신이었다. 델타 지역(하 이집트)의 코브라의 여신 와제트와 함께 통일 이집트의 왕권을 지키는 2주의 여신으로 여겨졌다.

와제트

하 이집트의 수호 여신으로 섬기며 상 이집트의 여신 네크베트와 함께 파라오를 수호한다. 신앙의 중심지는 부토이며 코브라의 모습이나 코브라를 머리 위에 얹은 여성의 모습으로 그려졌다.

한 걸음 더 | 고대 이집트학의 공로자 ③

샹폴리옹

장 프랑수아 샹폴리옹(1790~1832년)

로제타석에서 히에로글리프를 해독

프랑스인 이집트 학자. 프랑스의 남부 피자크 출생. 유소년 시절부터 아시아 언어에 관심이 많아 히브리어·아랍어·페르시아어·콥트어 등을 습득했다. 젊은 나이에 재능의 꽃이 활짝 펴서 20세가 되기 전에 그르노블대학교의 역사학 조교수로 임명되었다. 일찍이 로제타석 해독도 시도했다. 샹폴리옹은 처음에는 로제타석의 데모틱 부분을 해독하려고 했고 히에로글리프는 표의문자라 소릿값이 없다고 생각했다. 그러나 비슷한 시기에 히에로글리프 해독을 연구하던 영국의 물리학자 토머스 영이 카르투슈라 불리는 고대 이집트의 타원형 왕명 틀 안에 기록된 프톨레마이오스 등 히에로글리프의 소릿값을 추정했다. 샹폴리옹은 영의 방법을 받아들여 1822년에 드디어 히에로글리프 해독에 성공했다. 1828년부터 1830년까지 염원하던 이집트로 조사 여행을 떠났다. 귀국 후 1831년에는 콜레주드프랑스의 이집트학 교수가 되었지만, 이듬해인 1832년 3월에 콜레라에 걸려 41세라는 젊은 나이에 세상을 떠났다.

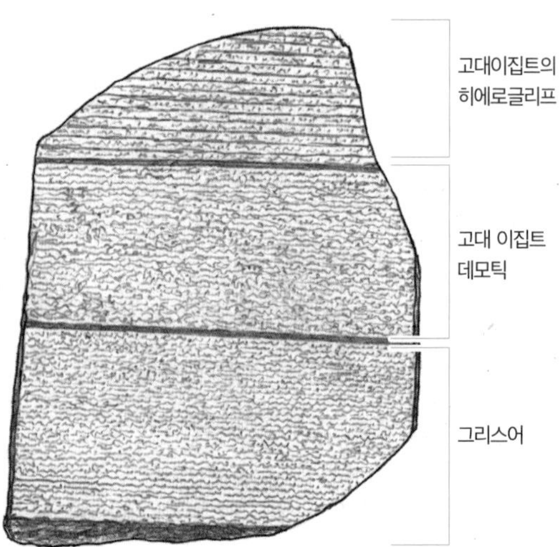

히에로글리프 해독의 열쇠가 된 로제타석. 윗부분이 파손된 비석으로 원래는 꼭대기 부분이 반원형이었다. 내용은 프톨레마이오스 5세의 칙령에 대한 멤피스의 종교회의 선포였다. 나폴레옹이 이집트 원정을 떠났을 때 발견되었는데, 그 후에 영국군이 몰수해서 영국박물관에 보관했다.

로제타석에는 히에로글리프, 데모틱, 그리스문자라는 3종류의 문자가 병기되어 있다. 샹폴리옹이 히에로글리프를 해독하면서 그때까지 비석이나 신전에 새겨져 있어도 알 수 없었던 글자를 해독하게 되어 고대 이집트의 역사나 문화를 이해할 수 있게 되었다.

4장

고대 이집트 신전의 완벽 해부

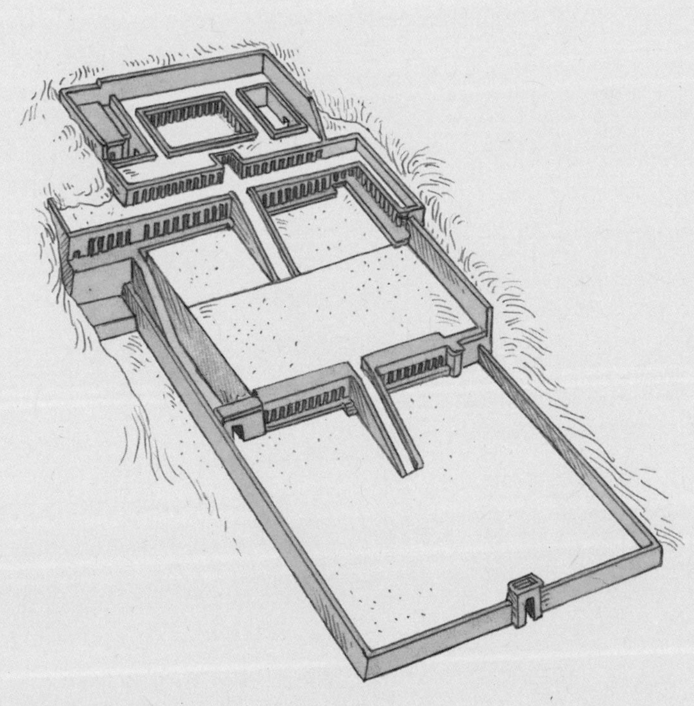

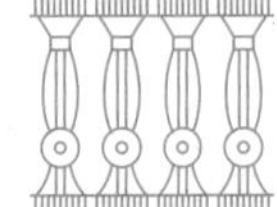

신들과 인간을 연결하는 중요한 시설

신전의 역할과 주요 의식

피라미드 다음으로 이집트 여행객이 많이 찾는 인기 명소는 아마도 신전일 것이다. 지금도 많이 남아 있는 신전은 고대 이집트 시대부터 중요한 역할을 했다.

원래 종교 자체가 이집트 사회의 기반이어서 법률이나 지리, 농업과 노동에 이르기까지 신들의 영향은 막대했다. 신은 사회질서를 지켜야 할 존재로 이집트인들에게 마음의 안식처라고도 할 수 있었다. 그러한 신들에게 의례를 올리는 장소가 바로 신전이며 의례를 실행하는 사람이 사제였다. 사제들의 사회적 지위는 높았고, 때로는 나라의 정치나 경제에도 영향을 미쳤다고 한다.

왕은 신들에게 봉사하고 신들의 뜻을 살피는, 이른바 인간과 신의 중개인이었다. 그러나 신들의 수가 많아 제사를 지내는 신전의 수도 많아지면서 매일 봉사하는 사제들의 수도 어마어마해졌다.

신전의 기본 구조

신전은 주로 탑문, 안마당, 열주실, 지성소로 구성된다. 신전에 따라 탑문이나 안마당, 열주실이 여러 개 지어질 때가 있었다. 신전의 구조는 세부 구조에 따라 각각 다르지만, 일반적으로 건물의 천장 높이가 안으로 들어갈수록 낮아지고 바닥의 높이는 높아졌다. 가장 깊숙한 곳에 있는 지성소는 천장이 가장 낮고 바닥은 가장 높았다.

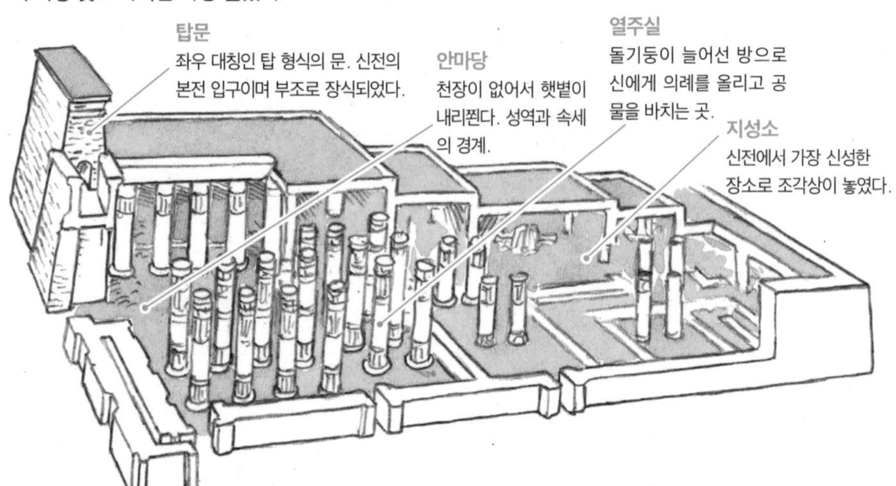

탑문
좌우 대칭인 탑 형식의 문. 신전의 본전 입구이며 부조로 장식되었다.
안마당
천장이 없어서 햇볕이 내리쬔다. 성역과 속세의 경계.
열주실
돌기둥이 늘어선 방으로 신에게 의례를 올리고 공물을 바치는 곳.
지성소
신전에서 가장 신성한 장소로 조각상이 놓였다.

신전과 장례신전

신전

신이 사는 장소, 즉 '신의 집'이다. 신에 대한 의례나 왕의 즉위식 등도 이곳에서 거행되었다고 한다. 에드푸의 호루스 신전처럼 특정 신에게 바치는 신전과 카르나크 신전처럼 복합적인 신전이 있다.

- 카르나크 신전
- 콤옴보 신전
- 에드푸의 호루스 신전
- 필레섬의 이시스 신전

장례신전

왕의 장례와 제사를 거행하던 곳이다. 그뿐만 아니라 생전의 왕이 이런 행사에 참여하기 위해 신전 내에 왕궁이 지어지기도 했다. 왕의 기념 신전이라 불린다.

- 하트셉수트 장례신전
- 라메세움
- 람세스 3세 장례신전
- 세티 1세 장례신전

주요 신전의 분포

현존하는 유명한 신전은 이집트 남부에 많이 분포되어 있는데, 신전은 고대 이집트 사회에서는 중요 시설이라 각지에 세워졌다.

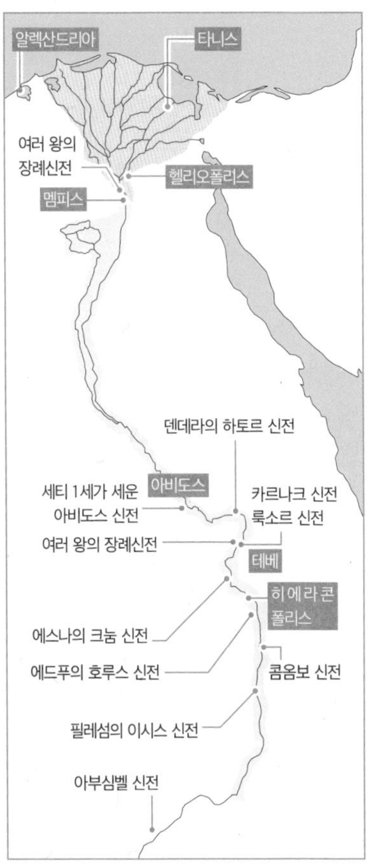

사제의 역할

각 신전에 있는 사제들은 신전에서 가장 깊숙한 곳에 있는 지성소 안의 신상을 상대로 매일 의식을 올리는 의무를 지녔다. 먼저 지성소를 봉인할 때 음식이나 음료 등 공물을 바쳤고, 신전에 있는 달력에 따라 각종 제례를 거행했다. 신들의 제례에 따라 공물이나 의식이 달랐다.

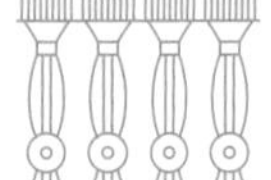

세 개의 신전으로 나뉜 신전 복합체

카르나크 신전

여러 존재하는 이집트의 신전 중에서 가장 유명한 신전이라고 하면 카르나크 신전을 꼽을 수 있다. 부속 신전인 룩소르 신전까지 통틀어 종교 도시 테베의 대표적인 건축물이다. 이 넓디넓은 신전은 주로 3주의 신들에게 바쳐졌다. 테베의 수호신인 3주신인데, 그들은 아멘 신과 그의 아내 무트 여신, 그 아들인 콘수 신이다. 또한 이곳은 중앙에 위치한 아멘의 성역을 중심으로 북쪽에는 멘투의 성역, 남쪽에는 무트 여신의 성역이 있다. 그러나 아멘의 성역이 주요한데, 그중에서도 아멘 대신전이 핵심이다. 아멘 대신전의 기원은 제11왕조라고 하는데 자세한 내용은 밝혀지지 않았다. 그러나 대대적으로 개축을 하기 시작한 때는 신왕국 시대에 접어든 뒤이다. 언제쯤부터 테베에서 아멘 신을 중요하게 여겼는지는 확실하지 않지만, 신왕국 시대에 테베가 왕도로서 번창했다는 사실이 이 신과 관계가 없지는 않을 것이다. 2대 왕인 아멘호테프 1세를 시작으로 많은 왕들이 신전을 손봤다. 그 결과, 시대를 뛰어넘은 건축물이 여기저기 세워져 거대 신전이 되었고, 고대 이집트에서 매우 중요해졌다.

멘투의 성역

세 군데의 성역 중에서 가장 작다. 아멘호테프 3세가 설계했는데, 25왕조 이후에 계획이 살짝 변경되었다.

무트의 성역

무트 신전은 아멘호테프 3세가 건설했는데, 연못이 주변을 둘러싸고 있다. 아멘호테프 3세는 여기에 세크메트 여신상을 수백 개나 봉납했다고 한다.

카르나크 신전의 구조

아멘, 무트, 멘투를 위한 세 군데의 성역으로 이루어져 있다. 중심에는 가장 규모가 큰 아멘 대신전이 있는데, 카르나크 신전이라고 하면 이 신전을 가리키는 경우도 있다.

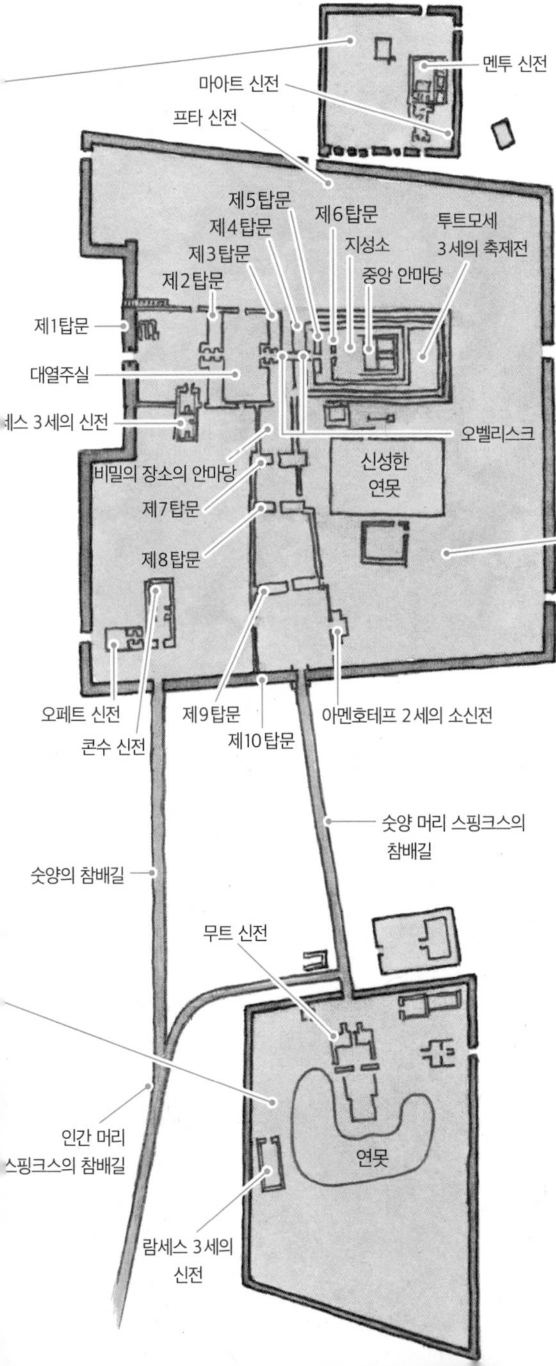

멘투 신전
마아트 신전
프타 신전
제5탑문
제6탑문
제4탑문
지성소
투트모세 3세의 축제전
제3탑문
중앙 안마당
제2탑문
제1탑문
대열주실
세스 3세의 신전
오벨리스크
비밀의 장소의 안마당
신성한 연못
제7탑문
제8탑문
오페트 신전
제9탑문
아멘호테프 2세의 소신전
콘수 신전
제10탑문
숫양 머리 스핑크스의 참배길
숫양의 참배길
무트 신전
인간 머리 스핑크스의 참배길
연못
람세스 3세의 신전

아멘의 성역

동서와 남북 두 축선에 맞춘 구조로 남북의 축선은 하트셉수트가 오페트 축제를 주최할 때 룩소르 신전으로 가기 위해 제7탑문을 설치했다. 또한 제3·4탑문의 뒤에는 오벨리스크가 서 있다.

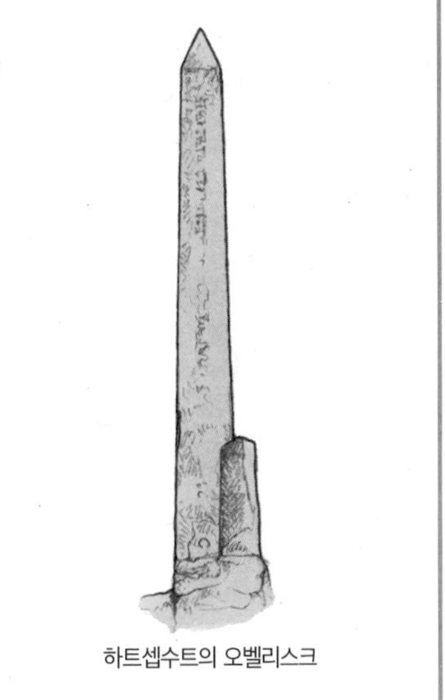

하트셉수트의 오벨리스크

증축과 개축의 역사

카르나크 신전의 복잡한 구조는 오랜 기간에 걸쳐 신앙의 대상을 중요하게 여겼던 역대의 파라오들이 개축에 개축을 거듭한 결과이다. 그 기반은 아멘호테프 1세가 만들었다고 하는데, 그 후에도 하트셉수트, 투트모세 3세, 아멘호테프 3세, 람세스 2세 등 역대의 위대한 왕들이 손을 봤다.

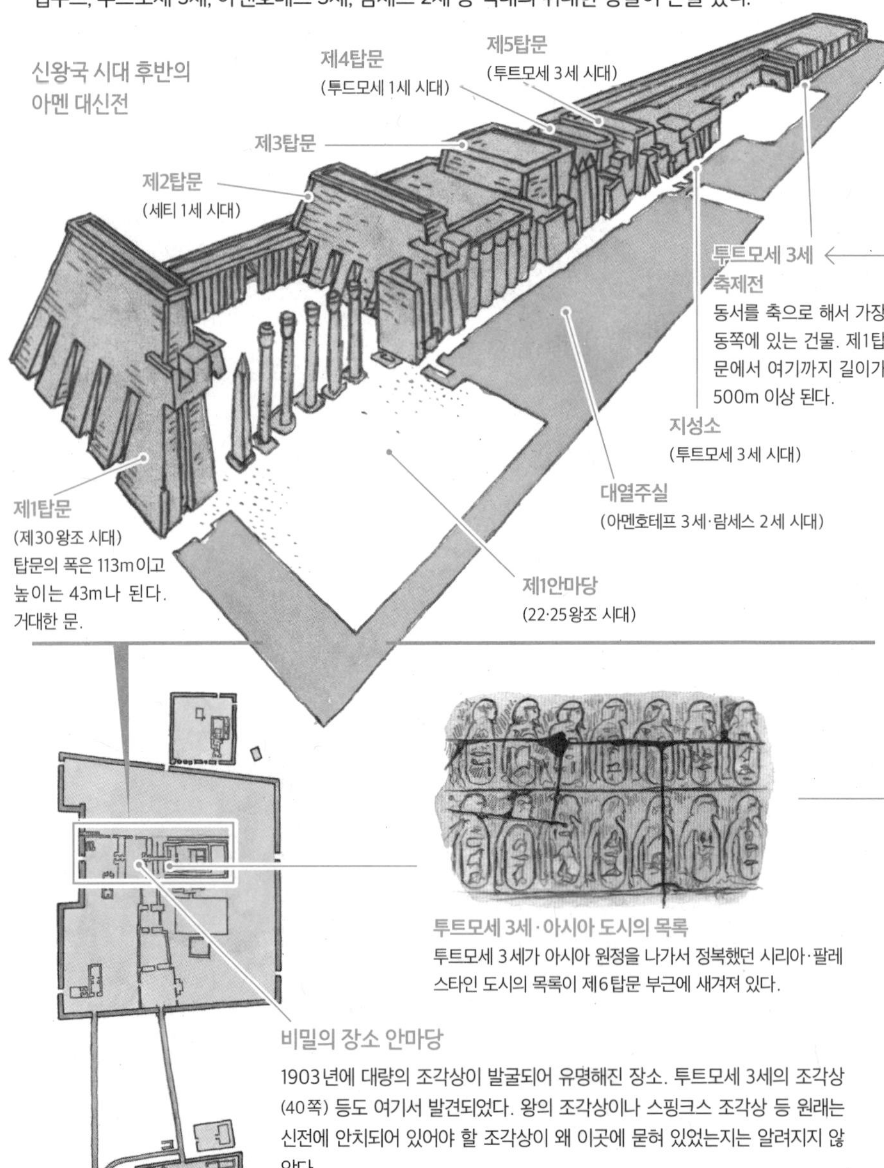

투트모세 3세·아시아 도시의 목록

투트모세 3세가 아시아 원정을 나가서 정복했던 시리아·팔레스타인 도시의 목록이 제6탑문 부근에 새겨져 있다.

비밀의 장소 안마당

1903년에 대량의 조각상이 발굴되어 유명해진 장소. 투트모세 3세의 조각상(40쪽) 등도 여기서 발견되었다. 왕의 조각상이나 스핑크스 조각상 등 원래는 신전에 안치되어 있어야 할 조각상이 왜 이곳에 묻혀 있었는지는 알려지지 않았다.

카르나크·룩소르 신전의 축제

테베의 중요 제사가 오페트(신의 이름에서 따왔다) 축제였다. 아멘 신과 무트 여신의 결혼을 재현한 것으로 아멘, 무트, 그리고 아들인 콘수 신의 조각상을 가마에 태워 카르나크 신전에서 남쪽 룩소르 신전으로 향했다. 이 축제를 파라오가 주최함으로써 왕과 신의 관계를 강화해 왕권의 정당성을 나타냈다.

카르나크 신전과 룩소르 신전은 스핑크스 참배길로 이어져 있어서 축제 때는 줄을 지어 이곳을 지나갔다.
가마는 사제 여러 명이 짊어졌다. 행렬에는 축복의 노래를 부르는 사제도 있었다고 한다.
아멘, 무트, 콘수 신의 조각상을 태운 가마

가마는 카르나크 신전에서 룩소르 신전으로 향했는데, 신의 조각상을 볼 수 있는 매우 귀한 기회였기 때문에 가마 행렬에는 많은 민중이 모였다고 한다.

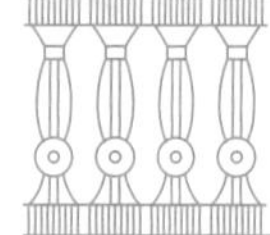

오페트 축제의 중요 거점

룩소르 신전

룩소르 신전의 구조

주로 건설한 사람은 아멘호테프 3세와 람세스 2세이다. 신전 입구는 제1탑문인데, 탑문 앞에는 람세스 2세의 오벨리스크가 서 있다. 제1탑문에서 가장 깊숙한 곳에 있는 지성소의 벽까지 거리는 약 260m나 된다.

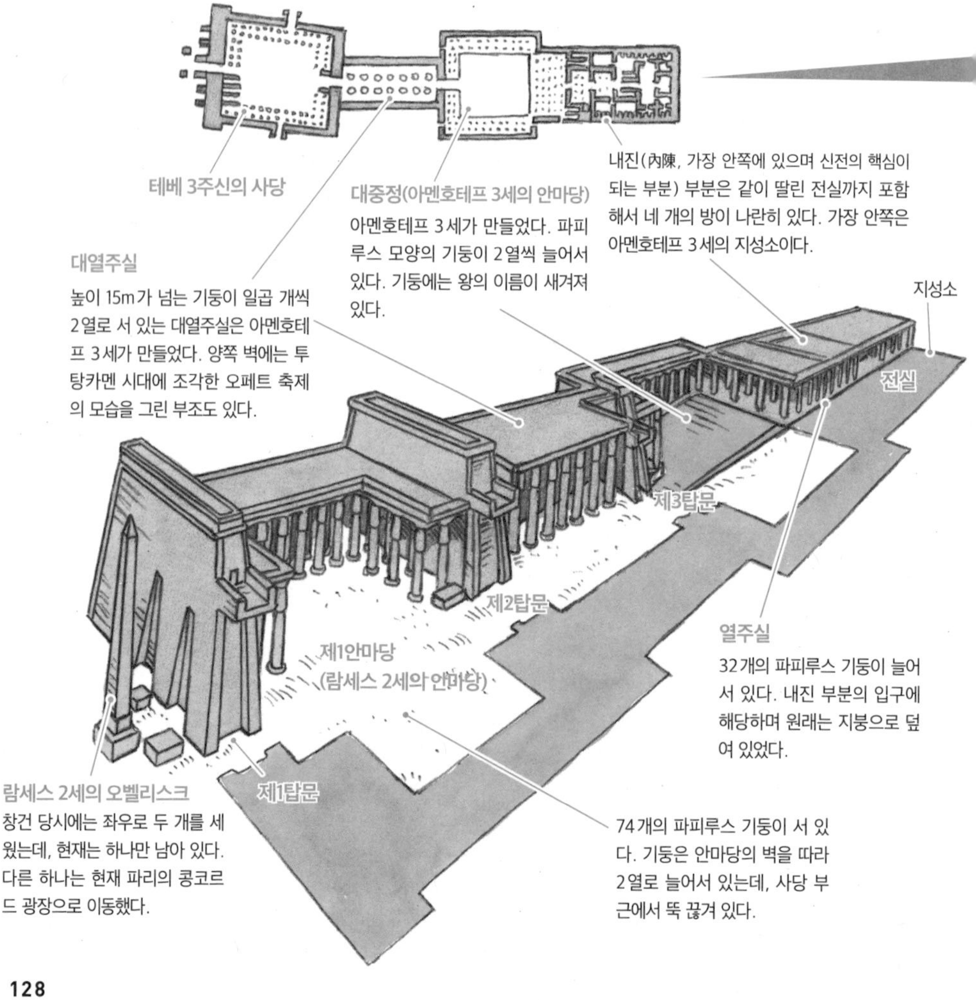

테베 3주신의 사당

대중정(아멘호테프 3세의 안마당)
아멘호테프 3세가 만들었다. 파피루스 모양의 기둥이 2열씩 늘어서 있다. 기둥에는 왕의 이름이 새겨져 있다.

내진(內陣, 가장 안쪽에 있으며 신전의 핵심이 되는 부분) 부분은 같이 딸린 전실까지 포함해서 네 개의 방이 나란히 있다. 가장 안쪽은 아멘호테프 3세의 지성소이다.

대열주실
높이 15m가 넘는 기둥이 일곱 개씩 2열로 서 있는 대열주실은 아멘호테프 3세가 만들었다. 양쪽 벽에는 투탕카멘 시대에 조각한 오페트 축제의 모습을 그린 부조도 있다.

지성소

전실

제3탑문

제2탑문

제1안마당
(람세스 2세의 안마당)

열주실
32개의 파피루스 기둥이 늘어서 있다. 내진 부분의 입구에 해당하며 원래는 지붕으로 덮여 있었다.

람세스 2세의 오벨리스크
창건 당시에는 좌우로 두 개를 세웠는데, 현재는 하나만 남아 있다. 다른 하나는 현재 파리의 콩코르드 광장으로 이동했다.

제1탑문

74개의 파피루스 기둥이 서 있다. 기둥은 안마당의 벽을 따라 2열로 늘어서 있는데, 사당 부근에서 뚝 끊겨 있다.

람세스 2세의 대개축

아멘호테프 3세가 완성한 신전의 기반은 19왕조에 들어가 람세스 2세가 대대적으로 증개축을 했다. 왕은 안마당이나 탑문 등 외에도 신전 내에 큰 조각상을 몇 개나 세웠다. 이것은 제1 안마당의 열주 사이에 세운 왕의 조각상이다.

카르나크 아멘 대신전에서 남쪽으로 약 3km 정도, 양 옆으로 스핑크스 조각상이 나란히 서 있는 참배길을 나아가면 광장이 나온다. 그 너머로 오벨리스크와 왕의 조각상, 그리고 거대한 탑문이 보인다. 이곳이 바로 룩소르 신전이다.

카르나크 신전과 마찬가지로 아멘 신을 섬기는 룩소르 신전은 아멘 신이 1년에 딱 한 번 오페트 축제 때 찾는 장소로 건설되었다. 오페트 축제는 18왕조의 하트셉수트 치세 때가 기원이라고 한다.

현존하는 가장 오래된 건물은 18왕조 투트모세 3세의 이름이 있는 테베 3주신의 사당이다. 현재 신전의 주요 부분은 아멘호테프 3세가 만들었는데, 가장 깊숙한 곳에 있는 지성소에서 열주실, 대중정, 제3탑문, 대열주실까지 직접 돌봤다.

그 후에 람세스 2세가 대개축을 시행하여 대열주실 앞에 있는 탑문, 제1안마당과 그 앞에 있는 탑문을 세웠다. 그 밖에도 투탕카멘이나 람세스 4세가 부조를 새기거나 알렉산드로스 대왕이 사당을 세우는 등 손을 봤는데, 현재 신전의 모습은 아멘호테프 3세와 람세스 2세의 작품이다.

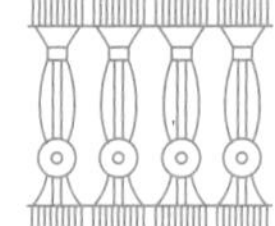

독립된 장례신전의 시초

하트셉수트 장례신전

높이가 다른 세 개의 테라스

절벽 아래에 세워진 하트셉수트 장례신전의 특징은 뭐니 뭐니 해도 열주실을 가진 3단 테라스이다. 폭이 40m 가까이나 되는 테라스는 중앙 슬로프로 이어진다. 신전 뒤에 있는 절벽 너머에는 여왕의 무덤도 있었던 왕가의 계곡이 자리한다.

제2테라스 열주실의 다른 벽 절반에는 유명한 푼트 교역의 모습을 그린 부조가 있다. 푼트 여왕과 그의 남편이 그려진 부조 부분은 카이로 이집트 박물관에 전시되어 있어서 신전에는 석공이 만든 복제품이 끼워져 있다.

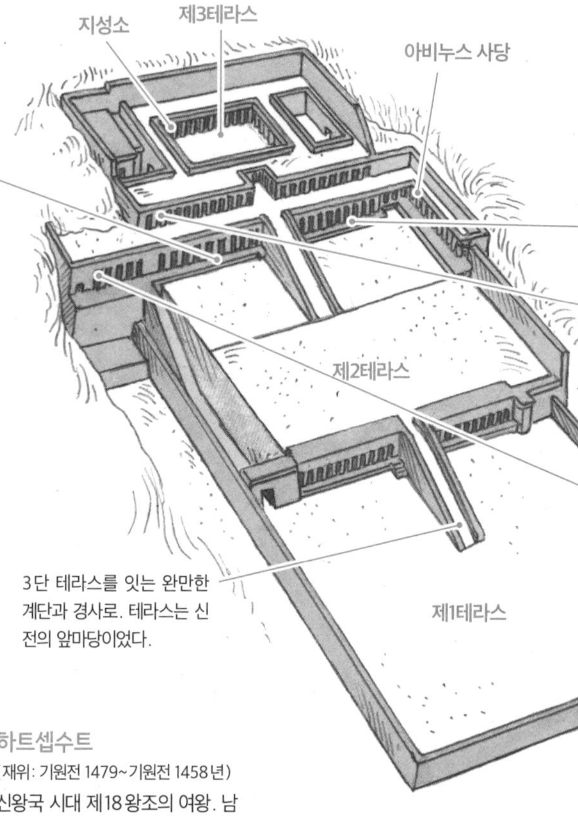

3단 테라스를 잇는 완만한 계단과 경사로. 테라스는 신전의 앞마당이었다.

하트셉수트

(재위: 기원전 1479~기원전 1458년)

신왕국 시대 제18왕조의 여왕. 남편인 투트모세 2세가 세상을 떠나고 후계자인 투트모세 3세가 어린 나이에 즉위하자 실권을 잡았다.

균형 잡힌 아름다운 3단 구조의 테라스를 가진 인기 관광 명소 장례신전. 이곳은 제18왕조의 위대한 여왕 하트셉수트의 것이다. 이 특징적인 구조에는 모델이 있었다. 그것이 바로 여왕의 장례신전 옆에 세워진 멘투호테프 2세(11왕조)의 묘소이다. 데이르 엘 바흐리 땅에 묘소를 지은 것도 이 왕이며, 왕비들과 함께 매장되었다. 하트셉수트의 뒤에는 투트모세 3세가 앞서 나온 두 신전 사이에 또 신전을 지었다. 그러나 오늘날까지 잘 남아 있는 신전은 하트셉수트 여왕의 것이다. 단, 여왕의 부조는 투트모세 3세의 역사 은폐 공작 때문에 대부분이 지워지고 말았다.

하트셉수트를 비롯한 제18왕조의 왕들은 무덤과 장례신전을 분리하게 된다. 그래서 여왕의 무덤은 여기에 없다. 장례신전의 지성소는 여왕과 그의 아버지 투트모세 1세, 그리고 테베의 주신인 아멘 신에게 바쳐진 것이다. 이러한 경향은 제19·20왕조에도 전해져 테베 서안에는 약 15개의 장례신전이 남아 있다. 하트셉수트 장례신전은 그 시초였던 것이다.

제2테라스 열주실의 벽 절반에는 하토르 여신의 화신인 암소의 젖을 먹는 하트셉수트가 그려져 있다. 여왕은 신의 자녀이며 왕위가 정당하다는 것을 어필하는 벽화이다.

미라가 되어 오시리스 신이 된 하트셉수트의 거대 조각상. 제3 테라스 앞에 있는 열주실에 몇 개나 늘어서 있으며 신전의 가장 깊숙한 곳을 수호하고 있다.

하토르 여신의 성지 역할

사랑과 미의 여신 하토르 여신(119쪽)은 역대 이집트 왕비 대부분이 자발적으로 믿었던 신이다. 여신은 데이르 엘 바흐리의 수호신이기도 하며 하트셉수트도 제2테라스 옆에 하토르의 사당을 지었다. 사당의 열주는 하토르 여신의 머리 부분을 가진 악기를 모티브로 했는데, 신전의 볼거리 중 하나이다.

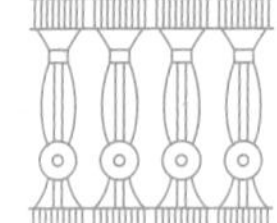

강대한 왕권을 상징하는 거대 건축

아부심벨 신전

아부심벨 신전이 있는 땅은 누비아라 불리며 고대 이집트 영지의 남쪽에 있었다. 람세스 2세 시대의 왕궁은 나일강 북부의 델타 지역 동쪽에 있었기 때문에 멀리 떨어진 누비아 사람들에게도 왕의 강대한 힘을 보여주기 위해 이 신전이 세워졌다.

나일강 부근에 세워진 신전은 두 신전을 합쳐 부른 것이다. 각각 바위산을 깎아서 세웠는데, 큰 쪽은 라 호르아크티 신에게, 작은 쪽은 하토르 여신과 왕비 네페르타리에게 바친 것이었다. 유명한 대신전 입구에 있는 왕의 조각상은 높이가 20m나 되는 웅장한 규모이다. 또한 한 해 동안 10월과 2월에 두 번 빛이 쏟아져 들어오는 지성소도 일품이어서 왕권의 힘에 감탄하지 않을 수 없다.

그러나 20세기에 아스완 댐 건설로 물에 잠길 위험에 처하자 그 뒤의 고지대로 옮겨 지었다.

두 신전으로 이루어진 복합 신전

라 호르아크티 신의 대신전, 그리고 하토르 여신과 가장 깊이 사랑했던 왕비 네페르타리를 모신 소신전으로 이루어진다. 대신전에 있는 왕의 조각상이 유명한데, 소신전 입구에도 거대한 왕과 왕비나 그의 아이들 조각상도 볼 가치가 있다. 위대한 왕의 모습을 나타내는 데 한몫하고 있다.

람세스 2세
(재위: 기원전 1279~기원전 1213년)
신왕국 시대 제19왕조의 왕. 엄청난 수의 건축물을 짓고 적극적으로 원정을 나갔던 공적 덕분에 고대 이집트 최대의 파라오라고도 불린다.

폭 38m
대신전
옛날에는 나일강을 따라 세워져 있었다. 소신전과 함께 오랫동안 모래에 묻혀 있다가 1813년에 발견됐다.
테라스
앞마당

왼쪽 다리 옆에 왕비, 오른쪽 다리에 왕의 어머니 무트투야, 중앙에 왕자 아멘헤르케브셰프의 조각상.

왼쪽 다리 옆에 왕녀, 오른쪽 다리에 왕녀 네베트타위, 중앙에 왕녀 이시스네페르트 조각상.

오른쪽 다리 옆에 왕녀 메리타멘, 왼쪽 다리에 어머니 무트투야, 정면에 왕비 네페르타리의 조각상.

오른쪽 다리 옆에 왕비 네페르타리, 왼쪽 다리에 왕녀 바케트무트, 정면에 왕자 람세스 조각상.

신전의 입구를 지키는 람세스 2세의 거대 조각상 네 개. 신전을 완성한 후에 지진이 발생해서 하나는 무너지고 말았다. 왕의 조각상 발 부근에는 가족의 조각상이 새겨졌다.

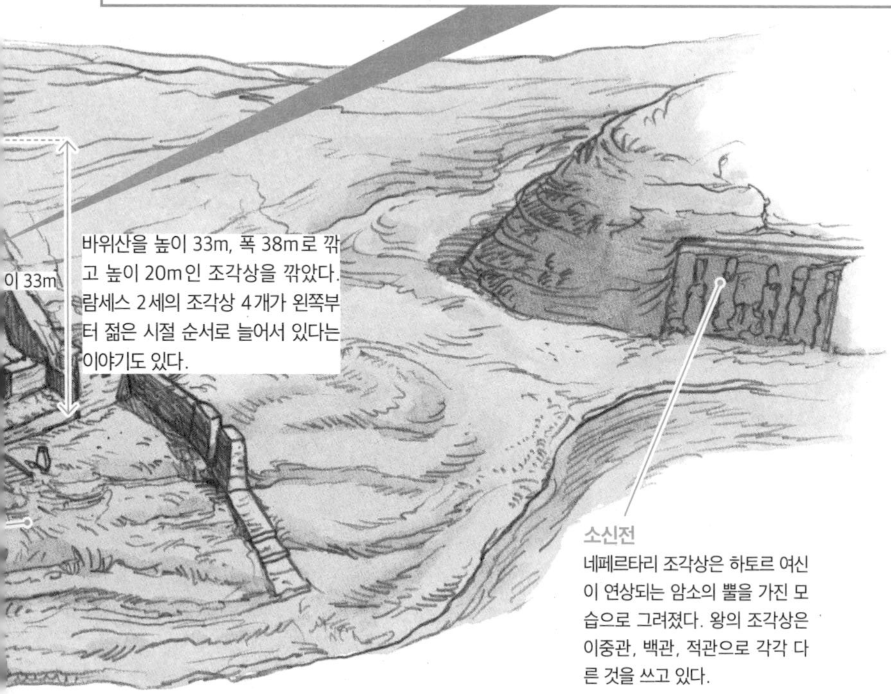

이 33m

바위산을 높이 33m, 폭 38m로 깎고 높이 20m인 조각상을 깎았다. 람세스 2세의 조각상 4개가 왼쪽부터 젊은 시절 순서로 늘어서 있다는 이야기도 있다.

소신전

네페르타리 조각상은 하토르 여신이 연상되는 암소의 뿔을 가진 모습으로 그려졌다. 왕의 조각상은 이중관, 백관, 적관으로 각각 다른 것을 쓰고 있다.

아부심벨 신전의 구조

대신전

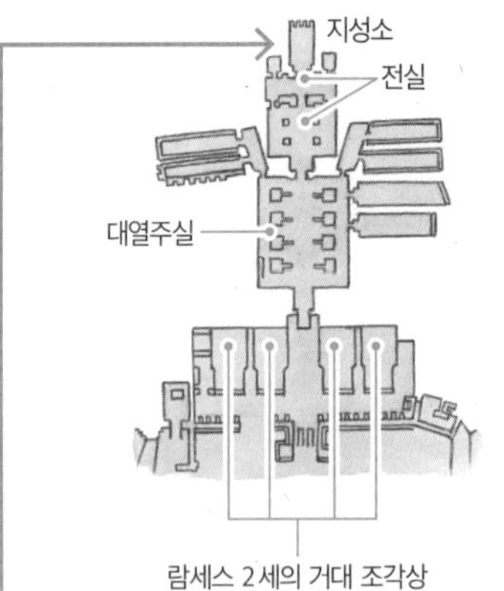

바위산을 깎아서 만들었다. 거대 조각상의 입구로 들어가면 대열주실인데, 기둥에는 오시리스 신이 된 왕의 모습이 새겨져 있다. 그 후에 전실을 지나 지성소로 이어진다.

소신전

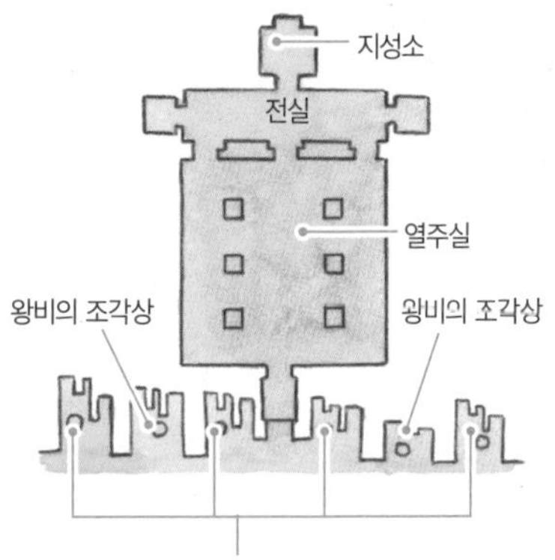

대신전보다 구조가 더 단순하다. 열주실의 하토르 기둥이나 전실의 왕비를 주제로 한 부조 등 대신전에 뒤떨어지지 않는 장식으로 꾸며져 있다.

1년에 딱 두 번 빛이 닿는 지성소

지성소는 2월과 10월에만 나일강의 지평선에서 태양이 떠오르면 그 빛이 쏟아져 들어오는 구조로 되어 있었다. 그 빛은 프타 신을 제외한 세 개의 조각상에 닿는다고 한다. 네 개의 조각상 앞에는 공물을 바치는 대가 놓여 있는데, 지성소 입구의 벽에는 공물을 바치는 왕의 모습이 부조로 조각되어 있다.

유네스코의 제안으로 대이동된 신전

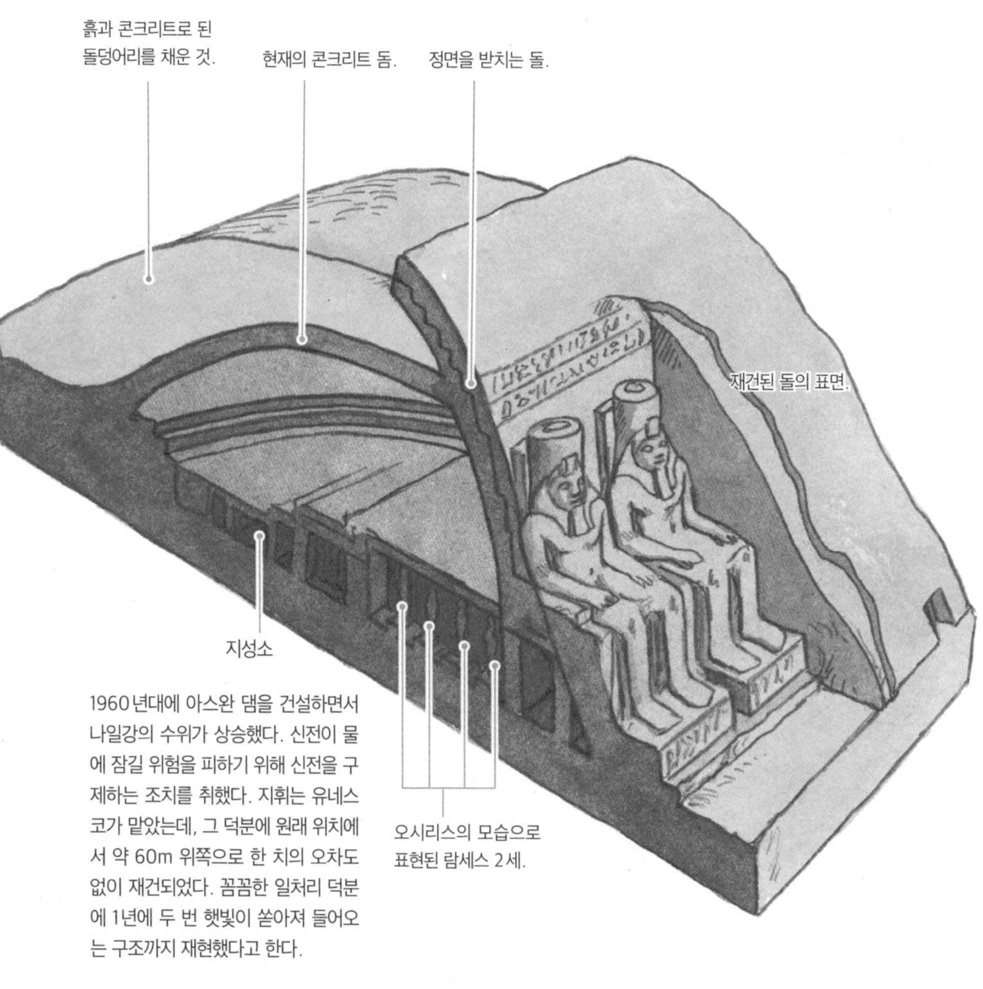

1960년대에 아스완 댐을 건설하면서 나일강의 수위가 상승했다. 신전이 물에 잠길 위험을 피하기 위해 신전을 구제하는 조치를 취했다. 지휘는 유네스코가 맡았는데, 그 덕분에 원래 위치에서 약 60m 위쪽으로 한 치의 오차도 없이 재건되었다. 꼼꼼한 일처리 덕분에 1년에 두 번 햇빛이 쏟아져 들어오는 구조까지 재현했다고 한다.

신전의 대이동까지

❶

두 신전을 조각마다 절단. 이미 수위가 올라와 있었기 때문에 물을 빼면서 작업했다.

→

❷

인공 바위산을 두 개 짓고, 그 내부에 콘크리트제 돔을 만들었다. 이 안에 신전을 재건했다.

→

❸

돔을 완성한 후에 보관했던 거대 조각상이나 신전 내부를 조립했다. 그 후 절단한 흔적을 감추는 작업이 진행됐다.

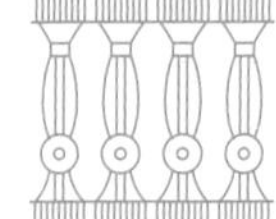

위대한 건축왕의 장례신전

라메세움

'건축왕'이라는 별명을 가질 만큼 아부심벨 신전을 비롯하여 많은 신전을 건설했던 람세스 2세. 그는 즉위한 뒤 가장 먼저 장례신전 건설에 들어갔다.

테베 서안에 있는 람세스 2세의 장례신전은 보통 '라메세움'이라고 불린다. 현재는 아쉽게도 파괴가 진행되고 있다. 신전은 전통적인 신전 구조에 따라 만들어졌지만, 이 신전에는 왕이 의식에 참여하기 위해 머물렀던 '신전 내 왕궁'이라 불리는 시설이 존재했기 때문에 왕의 장제를 위한 것이 아니라 살아 있는 왕의 의식에도 사용되었다. 이러한 사실 때문에 기념 신전이라는 명칭으로도 불린다. 그러나 남은 유적만 봐도 스케일이 얼마나 큰지 느낄 수 있다. 머리 부분을 잃은 거대한 오시리스 기둥, 반대로 머리 부분만 남은 화강암으로 된 왕의 조각상, 그리고 탑문 근처에는 추정해서 1,000t이 넘는 거대한 왕의 석상이 무너져 쓰러진 채로 남아 있다.

제2안마당 전후에 장식으로 세워진 오시리스 신의 기둥. 현재 그 위쪽은 남아 있지 않지만 손을 교차한 자세로 볼 때 오시리스 신이라는 것을 알 수 있다.

안마당에 놓인 람세스 2세의 머리 부분. 검은색 화강암으로 만들어진 거대한 조각상으로 원래는 두 개였다. 다른 하나의 위쪽 부분은 현재 영국박물관에 전시되어 있다.

안쪽에는 창고가 있다

라메세움에는 특이하게도 신전에 딸린 창고 흔적이 남아 있다. 햇빛에 말린 벽돌로 만들어진 창고는 일용품이나 식량 등 공물을 보존하기 위해 활용했다. 아치형 천장을 가졌으며 벽돌을 4단으로 쌓아 만들어졌다.

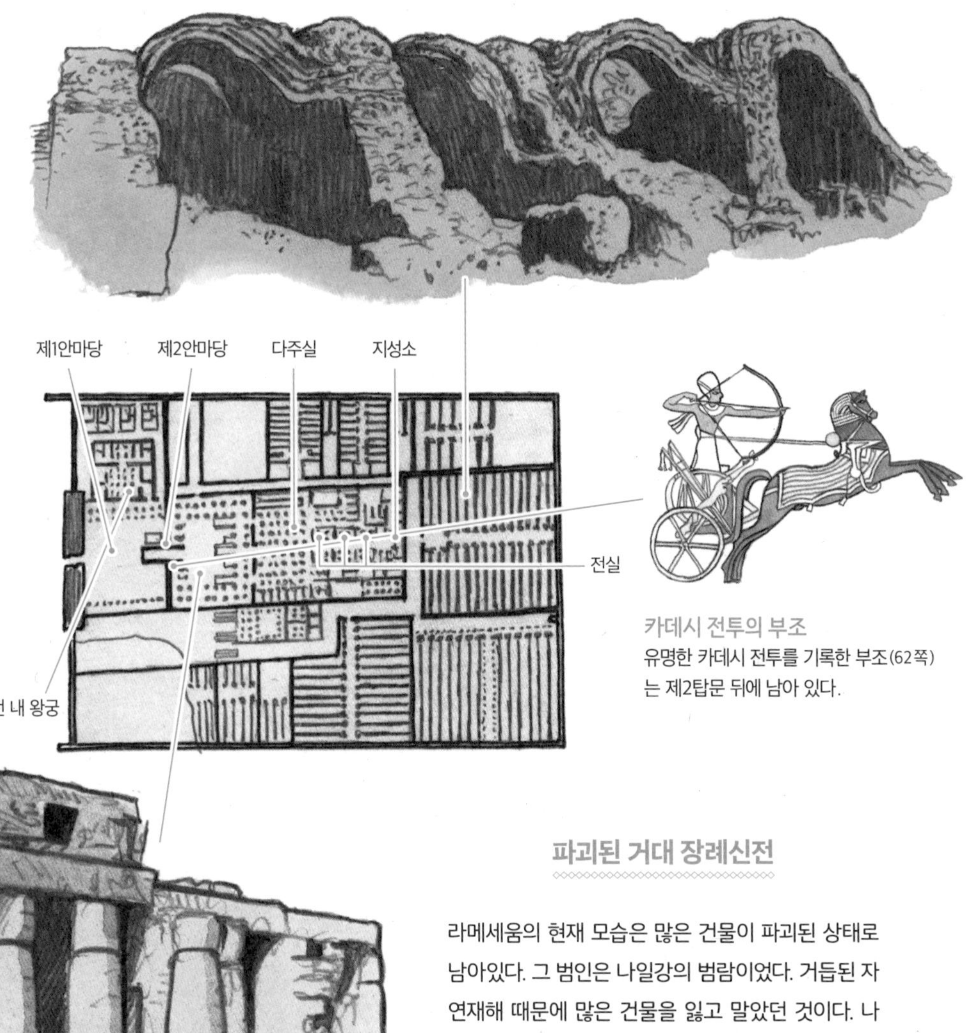

카데시 전투의 부조

유명한 카데시 전투를 기록한 부조(62쪽)는 제2탑문 뒤에 남아 있다.

파괴된 거대 장례신전

라메세움의 현재 모습은 많은 건물이 파괴된 상태로 남아있다. 그 범인은 나일강의 범람이었다. 거듭된 자연재해 때문에 많은 건물을 잃고 말았던 것이다. 나폴레옹이 이집트 원정에 나섰을 때 라메세움을 그린 판화가 남아 있는데, 이때 이미 폐허가 된 상태였다는 것을 알 수 있다. 현재 남은 곳은 제1탑문의 일부 연주실, 내진의 일부 등이다.

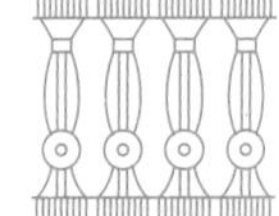

프톨레마이오스 왕조 왕들의 걸작

에드푸의 호루스 신전

프톨레마이오스 왕조 시대에는 전통을 따라 적극적으로 신전을 건설했다. 덴데라의 하토르 신전이나 콤옴보 신전 등 이때 세워진 신전이 많이 남아 있는데, 에드푸의 호루스 신전은 그중에서도 가장 두드러진 예이다. 호루스 신은 파라오의 화신으로 여겨지며 이집트 왕권에 중요한 신인데, 에드푸는 그 숭배의 중심지였다. 프톨레마이오스 3세 시대에 건설을 시작해서, 180년 후인 프톨레마이오스 12세 시대에 완성했다고 한다.

구조는 이집트 신전의 양식을 따랐는데, 그 장대함과 양호한 보존 상태는 특별히 다뤄야 할 정도이다. 높이 36m, 너비 137m인 탑문은 현존하는 신전 가운데 카르나크 아멘 대신전에 버금가는 규모이다. 전형적인 구도의 부조도 확실히 남아 있다. 제1열주실의 열주는 여섯 개씩 2열로 늘어서 있으며, 기둥에 따라 위쪽 장식이 파피루스나 야자 잎 등 다양한 모양으로 꾸며져 있다. 또한 기둥과 기둥 사이에는 장벽이 세워져 있는데, 각 벽에도 부조가 조각되어 있다. 호루스 신전에는 이집트 신전의 훌륭한 장식성을 상징한 우아하고 아름다운 모습이 지금까지 남아 있다.

적을 무찌르는 프톨레마이오스 12세.

제1열주실 앞의 호루스 조각상

상하 이집트의 지배자라는 사실을 나타내는, 전통적인 이중관을 쓴 호루스 신의 조각상. 호루스 신은 매의 머리에 인간의 몸을 가진 모습으로 그려질 때도 많은데, 여기서는 매의 모습으로 표현되어 있다.

호루스와 아폴론

이집트가 로마제국의 속주로 편입된 이후, 호루스 신은 그리스 로마 신화에 나오는 태양신 아폴론과 동일시되었다. 그래서 이 땅은 아폴로노폴리스 마그나로 불리게 되었다고 한다.

보존 상태가 좋은 프톨레마이오스 왕조의 신전

나일강 서쪽에 위치하는 호루스 신전은 강 근처에 세워져 있지만 한층 높은 곳에 있어서 홍수의 위험이 없었다. 부조도 보존 상태가 양호해 오늘날까지 예전 모습이 거의 그대로 남아 있다.

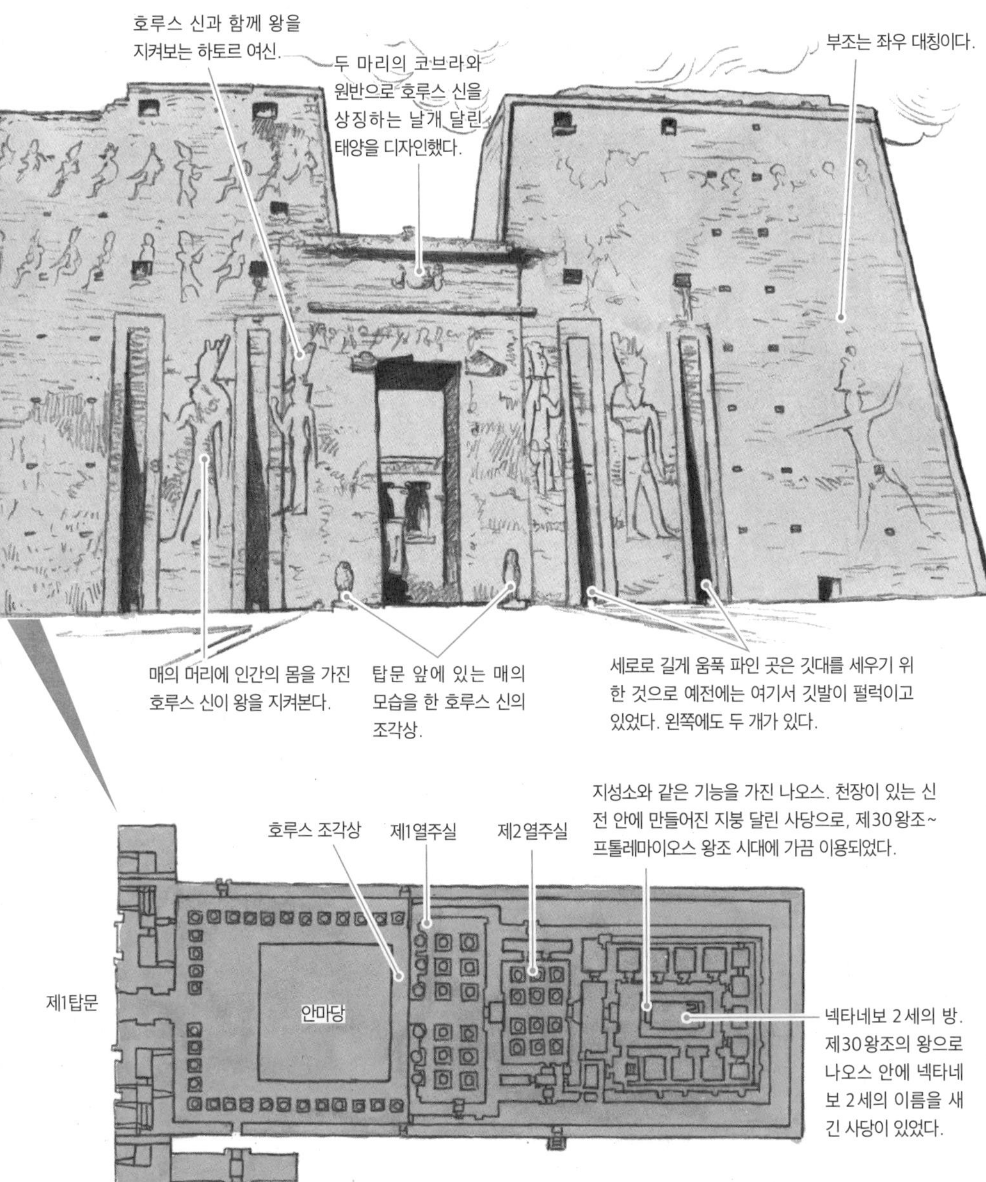

호루스 신과 함께 왕을 지켜보는 하토르 여신.
두 마리의 코브라와 원반으로 호루스 신을 상징하는 날개 달린 태양을 디자인했다.
부조는 좌우 대칭이다.
매의 머리에 인간의 몸을 가진 호루스 신이 왕을 지켜본다.
탑문 앞에 있는 매의 모습을 한 호루스 신의 조각상.
세로로 길게 움푹 파인 곳은 깃대를 세우기 위한 것으로 예전에는 여기서 깃발이 펄럭이고 있었다. 왼쪽에도 두 개가 있다.
지성소와 같은 기능을 가진 나오스. 천장이 있는 신전 안에 만들어진 지붕 달린 사당으로, 제30왕조~프톨레마이오스 왕조 시대에 가끔 이용되었다.
호루스 조각상
제1열주실
제2열주실
제1탑문
안마당
넥타네보 2세의 방. 제30왕조의 왕으로 나오스 안에 넥타네보 2세의 이름을 새긴 사당이 있었다.

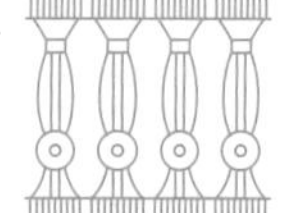

신비한 매력이 넘치는 '나일강의 진주'

필레섬과 이시스 신전

나일강에 떠 있는 필레섬의 대부분은 종교 시설이 차지한다. 푸르름이 가득하고 아름다운 신비의 섬은 예전에 '나일강의 진주'로 불렸다. 중심지는 이시스 신전인데, 두 탑문과 탄생전, 열수실, 본선으로 구성된다. 그밖에 하토르 신전이나 네체리케트의 재상으로 신격화된 임호테프의 신전 등도 세워졌다. 그러나 20세기 초반에 아스완 댐을 건설하면서 나일강의 수위가 높아져 섬이 물에 잠기는 바람에 여러 신전은 해체되고 북서쪽 아길키아섬으로 옮겨졌다.

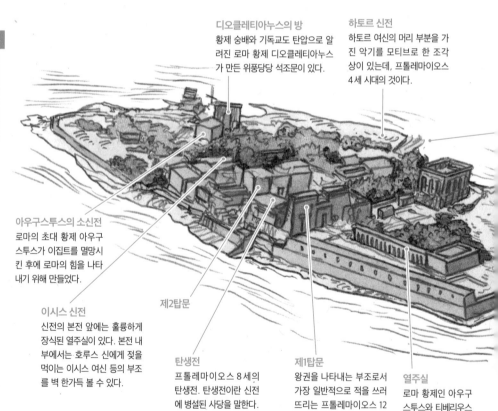

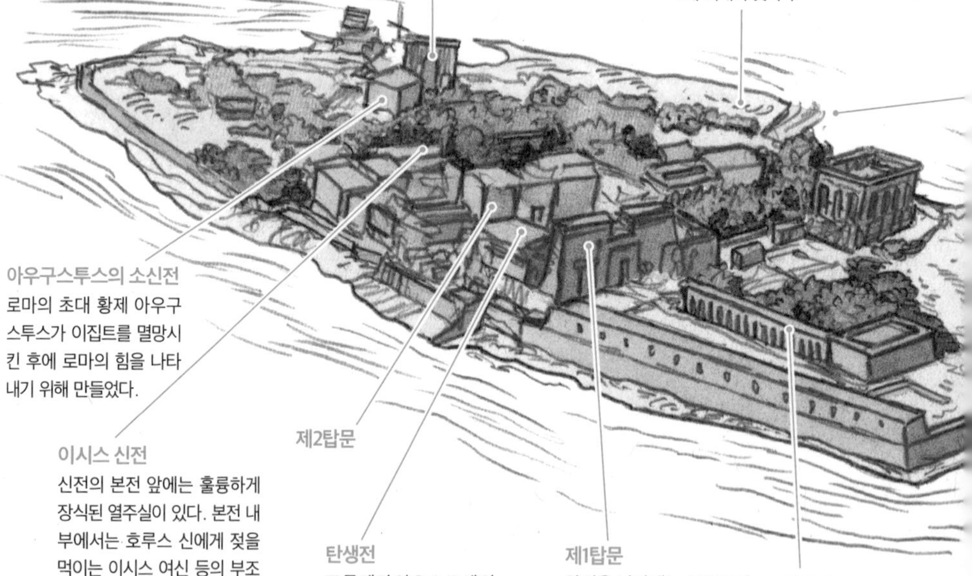

디오클레티아누스의 방
황제 숭배와 기독교도 탄압으로 알려진 로마 황제 디오클레티아누스가 만든 위풍당당 석조문이 있다.

하토르 신전
하토르 여신의 머리 부분을 가진 악기를 모티브로 한 조각상이 있는데, 프톨레마이오스 4세 시대의 것이다.

아우구스투스의 소신전
로마의 초대 황제 아우구스투스가 이집트를 멸망시킨 후에 로마의 힘을 나타내기 위해 만들었다.

제2탑문

이시스 신전
신전의 본전 앞에는 훌륭하게 장식된 열주실이 있다. 본전 내부에서는 호루스 신에게 젖을 먹이는 이시스 여신 등의 부조를 벽 한가득 볼 수 있다.

탄생전
프톨레마이오스 8세의 탄생전. 탄생전이란 신전에 병설된 사당을 말한다.

제1탑문
왕권을 나타내는 부조로서 가장 일반적으로 적을 쓰러뜨리는 프톨레마이오스 12세의 모습이 그려졌다.

열주실
로마 황제인 아우구스투스와 티베리우스가 세운 것이다.

현존하는 섬에서 가장 오래된 유적은 30왕조의 넥타네보 1세의 것인데, 그 후 프톨레마이오스 왕조 때 이시스 신전을 비롯한 건물들을 한 곳에 모아 증축했다. 그리고 로마의 속주가 되고 나서는 로마에서 이시스 신앙의 위상이 높아지면서 로마 황제도 이 신전을 손봤다. 로마인은 원래 있던 이집트의 문화나 신앙을 존중해서 박해하지 않았다.

이집트와 로마의 융합

이집트가 로마의 지배 아래 놓인 후에 황제 트라야누스가 세운 키오스크. 키오스크란 휴게소나 매점을 말하는데, 의식을 거행할 때 이시스 여신이 쉬기 위해 만들어진 곳이다. 14개의 기둥으로 구성되어 있다. 나일강 부근에 세워져 있어 배에서 바라보는 풍경도 아름답다.

황제 트라야누스의 키오스크

이시스 여신

작은 섬에 세워진 이시스 신전

필레섬에서 가장 중요한 이시스 신전. 오시리스 신의 아내이자 호루스 신의 어머니이기도 한 이시스 여신 또한 이집트인들이 소중히 여겼던 신이다. 필레섬은 바로 그 성지이다. 이시스 여신이 호루스 신을 이곳 필레섬에서 낳았다고도 한다. 프톨레마이오스 왕조 시대에는 주요 신앙의 땅 중 하나로 번창했다. 현재 남아 있는 이시스 신전의 대부분은 이 시대에 만들어진 것이다.

피트리

윌리엄 M. 플린더즈 피트리(1853~1942년)

'이집트 고고학의 아버지'

영국의 고고학자로 '이집트 고고학의 아버지'라 불린다. 1880년에 기자에 있는 쿠푸의 대피라미드를 과학적으로 측량 조사했다. 그 후 이집트 각지의 다양한 유적을 발굴 조사했다. 하워드 카터가 그의 밑에서 일했다. 피트리는 상 이집트의 콥토스 유적을 발굴 조사할 때 유적 근처에 있던 키프트 마을 사람들을 발굴 전문 집단인 '쿠프트'로 만들어 그들을 각지의 발굴 조사에 동행하게 했다. 그때부터 근래까지 쿠프트(그곳 사투리로는 구프트)는 이집트 발굴에서 주요한 전문 집단이었다. 특히 선왕조 시대의 유적을 발굴할 때는 토기 분류에 따라 계기 연대법(Sequence Dating)을 고안하여 이집트 선왕조 시대의 상대 편년을 확립했다. 이 방법을 '가수 연대법'으로 소개한 사람이 일본의 하마다 고사쿠였다. 하마다는 교토제국대학에 고고학 연구실을 창설한 인물로 유럽에서 근대 고고학을 배웠다. 런던대학의 피트리에게 크나큰 영향을 받고 일본에 돌아간 후에도 피트리의 발굴 조사에 도움을 준 관계도 있어 현재 교토대학 종합박물관에는 피트리에게 기증받은 이집트 유물이 보관 · 전시되어 있다.

이집트 전역에 걸쳐 발굴 조사를 했던 피트리. 쿠푸의 것이라는 상아로 만든 조각상도 피트리가 아비도스에서 발견했다. 발견했을 때는 머리 부분이 떼어져 있었는데 이어 붙였다. 쿠푸 시대가 아니라 말기왕조 시대에 만들어진 조각상이다.

기자에 있는 대피라미드의 수치를 처음으로 정확히 측량한 사람이 피트리였다. 이 대피라미드의 측량 조사를 계기로 그는 이집트 각지에서 조사하여 이집트 고고학을 확립했다.

5장

고대 이집트의 생활

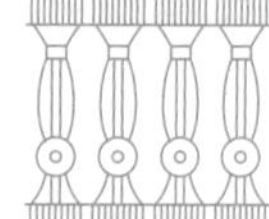

나일강과 함께 살아가다

세 계절로 이루어진 이집트

나일강의 증수와 1년의 생활 패턴

이집트인의 생활은 나일강의 물이 불어나는 주기에 맞춰 정해졌다. 나일강의 물이 불어나기 시작하는 시점을 1년의 출발로 보고 홍수기를 아케트, 물이 빠져 비옥해진 땅이 모습을 드러내는 시기를 페레트, 수위가 가장 낮아져 작물이 열매를 맺는 시기를 셰무로 분류했다.

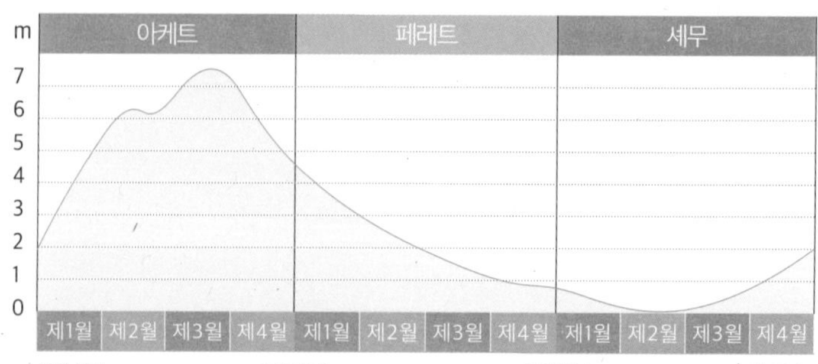

아케트

7월 중순부터 시작하는 홍수기는 농사일을 쉬고 강의 제방이나 저수지 증축, 수렵 등을 했다. 피라미드나 장례신전 건축 등 국가 규모의 일도 이 시기에 이루어졌다.

페레트

11월 중순부터 3월에 걸쳐 물이 빠져 경작지를 사용할 수 있게 된다. 농지가 마르기 전에 땅을 갈아서 씨를 뿌렸다.

셰무

3월 중순부터 7월 중순까지는 수위가 가장 낮아진다. 포도나 곡물이 잇따라 열매를 맺기 때문에 다음 홍수가 오기 전까지 가족이 총출동해서 수확을 했다.

셰무의 풍경

아래는 투트모세 4세의 서기 멘나의 무덤에 그려진 농경 벽화. 왼쪽은 람세스 2세 시대 때 왕묘를 짓는 장인의 관리인 센네젬의 무덤에 그려진 벽화 부분. 센네젬의 벽화는 사후 세계 '이아르의 들판'에서 농업에 종사하는 모습을 그린 것이다.

아내 이네페르티도 수확을 돕고 있다.

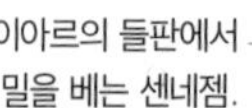

아마를 베고 있는 센네젬.

수확한 이삭을 모아 곡물 창고로 옮기고 있다.

페레트의 풍경

제5왕조에서 피라미드 사원을 건설하고 관리했던 고위 관리 티의 무덤에 그려진 부조에서는 일상의 모습을 볼 수 있다.

나무 가래를 소가 끌게 하고 농지를 가는 모습. 2인 1조로 작업하는 경우가 많은데, 한 사람은 가래의 자루를 잡아 조작하고 다른 한 사람은 소를 이끌었다.

소를 이끄는 남자.

채찍을 휘두르는 남자들.

씨를 뿌린 후에는 양이나 염소 무리를 움직이게 해서 씨앗을 흙 속에 밟아 넣었다.

'이집트는 나일강의 선물.' 그리스의 역사가 헤로도토스가 남긴 유명한 말인데, 실제로는 나일강의 퇴적작용으로 나일강 삼각주가 땅을 넓혔다는 이야기를 서술한 것이다. 이집트를 상공에서 바라보면 나일강의 동서쪽에는 검은 땅이 있고, 그 바깥쪽에는 붉은 땅의 사막이 펼쳐져 있다. 이 검은 땅은 식물의 은혜를 가져다주는 비옥한 땅인데, 사람들은 '검은 땅은 생명의 세계, 붉은 땅은 죽음의 세계'로 인식했다. 나일강은 1년에 한 번 수위가 올라가 범람을 일으킨다. 이 범람은 상류에서 유기물을 포함한 토양을 하류로 운반해 그 유역의 땅에 퇴적했다. 물이 빠지면 그곳에는 비료를 주지 않아도 비옥한 경작지가 생겨 있었다. 이 환경 덕분에 이집트는 농업이 발달하여 풍요로운 나라가 된 것이다.

고대 이집트 사람들은 1년을 세 계절로 구분해서 생각했다. 나일강의 홍수 때문에 농업을 할 수 없는 시기, 물이 빠져서 씨앗을 뿌리는 시기, 그리고 수확 시기이다. 수확이 끝날 쯤에는 다시 나일강의 홍수가 시작되었다. 나일강 범람 사이클을 참고로 하나의 계절을 4개월(120일)로 생각하고 1년을 360일로 했다. 현재 우리의 달력은 기본적으로 이 이집트력에 윤년을 더한 것이다.

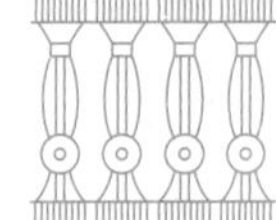

파라오를 꼭짓점으로 한 피라미드 사회

고대 이집트의 사회 구조

비옥한 토양의 혜택을 받은 이집트. 대부분의 사람들은 농민이었는데, 그들이 편히 살았는가 하면 결코 그렇지는 않았던 모양이다. 고대 이집트는 완전한 피라미드형 사회였다. 절대적 권력을 가진 파라오를 꼭짓점으로 그 아래에 행정이나 군사를 지휘하는 관료, 사제 등이 있었고 그들은 왕족이나 고급 관료들이 독점했다.

피라미드형 국가의 토대는 농민이었는데, 이집트의 국토는 모두 파라오의 것이었기 때문에 농민은 농작물을 자유롭게 소유하지 못했다. 한 번 국가나 신전에 농작물을 바쳐 징세를 한 후에 나머지가 분배되는 구조였던 것이다. 힘든 작업을 억지로 하고 할당된 조세를 내지 못하면 벌을 받았다고 한다. 농민 입장에서는 불공정한 사회였겠지만, 이런 사회제도가 왕조 말기까지 이어졌다.

징세와 환원으로 이루어진 사회

고왕국 시대부터 농업은 국가의 관리 아래에 있었고, 농지 면적이나 수확량은 서기가 꼼꼼하게 기록해서 징세했다. 굳건히 확립된 징세제도가 국고를 윤택하게 하고 사람들의 생활을 보장했다.

측량하는 모습을 그린 멘나 무덤의 부조.

세액을 공평하게 결정하기 위해 토지를 측량했다. 측량에는 못줄이라는 밧줄이 사용됐다.

신왕국 시대의 사회 조직

신왕국 시대는 관료 조직이 국가를 통치하고 각 부서도 세세하게 조직화되어 있었다고 한다. 파라오의 지위는 변하지 않지만, 그 아래에 재상이 있고 또 그 아래에 각 부서가 있었다.

파라오

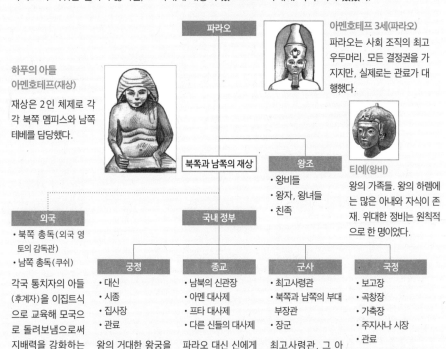

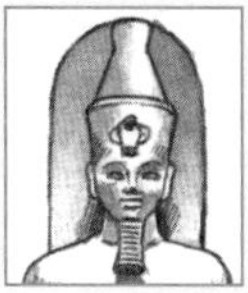

아멘호테프 3세(파라오)

파라오는 사회 조직의 최고 우두머리. 모든 결정권을 가지지만, 실제로는 관료가 대행했다.

하푸의 아들 아멘호테프(재상)

재상은 2인 체제로 각각 북쪽 멤피스와 남쪽 테베를 담당했다.

북쪽과 남쪽의 재상

왕조

- 왕비들
- 왕자, 왕녀들
- 친족

티예(왕비)

왕의 가족들. 왕의 하렘에는 많은 아내와 자식이 존재. 위대한 정비는 원칙적으로 한 명이었다.

외국

- 북쪽 총독(외국 영토의 감독관)
- 남쪽 총독(쿠쉬)

각국 통치자의 아들(후계자)을 이집트식으로 교육해 모국으로 돌려보냄으로써 지배력을 강화하는 정책을 취했다.

국내 정부

궁정

- 대신
- 시종
- 집사장
- 관료

왕의 거대한 왕궁을 감독하는 일은 대신이나 시종, 집사 등에게 맡겼다.

종교

- 남북의 신관장
- 아멘 대사제
- 프타 대사제
- 다른 신들의 대사제

파라오 대신 신에게 봉사하는 사람들. 가장 높은 곳에 모든 신의 신관장이 있고, 그 아래에 각 신의 대사제가 있었다.

군사

- 최고사령관
- 북쪽과 남쪽의 부대 부장관
- 장군

최고사령관, 그 아래 북쪽과 남쪽에 각각 부사령관, 그리고 그 아래에 장관이 있었다. 병대는 원정을 갈 때마다 이집트 전역에서 소집되었다.

국정

- 보고장
- 곡창장
- 가축장
- 주지사나 시장
- 관료

재정을 감독하는 보고장, 조세를 관리하는 곡창장, 가축을 관리하는 가축장 등 국가의 중요 직위들이 집중되어 있었다.

국왕을 섬기는 관료

국가의 꼭짓점은 파라오이고 다양하게 존재하는 조직의 최고 수장도 물론 파라오지만, 왕 혼자 모든 국정을 처리하기란 불가능하다. 그래서 다양한 직책을 관료에게 임명해서 대신하게 했다. 많은 고급 관료가 활약한 관료제 사회였던 것이다. 관료의 수뇌는 재상이었다. 왼쪽은 제5왕조에서 서기이자 낭창(朗唱) 카페르의 나무 조각. 신분이 높은 사제였다.

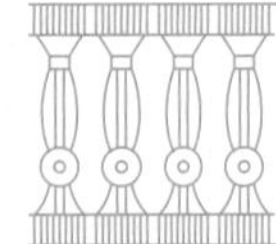

서기를 필두로 많은 전문직이 있었다

다양한 직업

많은 장인의 활약

고대 이집트인은 조각상을 만들거나 제례 때 사용할 도구로 광물이나 금속을 가공하는 야금업이 발전했다. 광부가 모은 금속류는 장인들이 효율적으로 가공했다. 신왕국 시대의 재상 레크미르의 무덤에 있는 부조로 아멘 대신전에 바치는 청동 문을 만드는 모습.

금속을 녹이려면 화력을 올려야 하기 때문에 풀무로 공기를 넣었다. 풀무는 발판이 달려 있었는데 2인 1조가 되어 교대로 밟았다.

신왕국 시대 이후에 수차를 도입하는 등 농경기술이 발달하자 농사일 이외의 직업에 종사하는 사람도 늘어났다. 농업 외에 서민이 할 수 있는 직업은 주로 서기나 장인, 광부 등이었다.

서기는 고위 관료의 등용문이나 마찬가지인 직업이었기에 기본적으로는 귀족의 자녀들이 차지했다. 그러나 능력만 있으면 누구나 될 수 있어서 서민들에게는 꿈의 직업이었다. 광부는 돌이나 광물, 금속 등을 캐는 직업이다. 다양한 기념비나 조각상, 장신구 등이 만들어졌던 고대 이집트에서는 당연히 원료를 확보하는 광부나 채석 장인이 반드시 필요한 인력이었다. 이를 위해 1만 명 규모의 채광 원정대가 자주 파견되었다고 한다. 장인에는 돌장이, 옹기장이, 목수, 방직공, 금속 가공 장인 등 다양한 종류가 있었다. 왕궁이나 신전의 공방에 고용되어 수습부터 시작했다. 또한 여성은 빵을 굽고 집 안을 청소하는 일에 고용되거나 미용사나 하녀로서 상류 계급의 여성을 모시기도 했다. 하녀는 스스로 고용주를 고를 수 있었다. 이집트에 노예는 없었고 전쟁 노예만 있었다.

풀무를 사용해서 화력을 올린다. 발판이 달린 것은 신왕국 시대 이후에 등장했다. 그때까지는 속이 빈 막대기로 바람을 불어넣었기 때문에 힘을 쓰는 만큼 화력이 오르지 않았다.
접시 모양으로 넓게 편 도가니를 교차한 막대기에 올려 불에 굽고 있다.
쇠를 녹이는 항아리를 불에 직접 쬔다. 항아리는 테두리에 주둥이가 있었다.

서기는 꿈의 직업

글자를 읽고 쓸 수 있는 서기는 고대 이집트 사회에서 엘리트였다. 서기에 필요한 지식을 배우는 양성 학교도 있었다고 한다.

직업 군인은 천덕꾸러기 직업이었다

시대가 흐르면서 직업 군인도 생겼던 것 같은데, 원정을 나갈 때는 징병도 했던 모양이다. 연중행사인 축제 등에서 병사들이 행진을 했다.

나팔 부는 사람.
행진하는 병사.

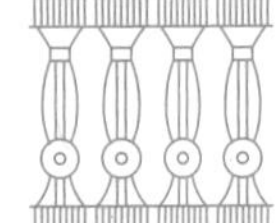

왕도 서민도 각자 취향대로 즐겼다

오락과 엔터테인먼트

고대 이집트에는 오락용 공용 시설은 없었을 것으로 추측되지만, 오락 자체가 없었던 것은 아니다. 상류 계급을 중심으로 다양한 오락을 즐겼다.

예를 들어 궁전에서는 연회가 자주 열려서 왕은 음악을 들으며 식사를 즐겼는가 하면 가끔은 창작된 이야기를 들으며 여가를 보냈다. 또한 왕권을 갱신하는 세드 축제에서는 왕이 정해진 코스를 달려 신체 능력을 과시하는 자세를 보였던 것처럼 왕조에서는 자신들의 용감무쌍한 모습을 나타내기 위해 적극적으로 사냥이나 스포츠를 했다. 활이나 기마술, 특히 사냥이나 낚시가 상류 계급이 즐겼던 스포츠였다.

한편 서민 역시 낮에는 일에 시달려도 날이 저물면 운동 경기나 스포츠, 춤, 음악을 매우 즐겼다고 한다. 나일강이 가까웠기 때문에 스포츠로는 낚시가 인기였던 모양이다. 또한 레슬링 등 격투 경기도 있었다. 실내에서는 예로부터 보드게임을 즐겨 했다.

사냥이나 낚시가 인기

원래는 먹고 살기 위해 했던 사냥이나 낚시도 스포츠로 즐기게 되었다. 사냥하는 모습은 귀족의 벽화에도 자주 그려졌다.

오른손에는 백로 세 마리를 잡은 모습이 그려져 있다.
아멘호테프 3세 시대의 네브아멘과 그의 가족이 사냥을 즐기는 모습이 그려져 있다.
왼손에는 새를 잡을 때 자주 사용했던 투봉을 들었다.
네브아멘을 지켜보는 아내와 딸. 아내는 손에 꽃다발을 들었다.
늪을 헤엄치는 물고기. 물고기를 잡을 때는 작살이나 그물을 썼다.

다양한 보드게임이 유행

고대 이집트의 보드게임으로는 체스와 비슷한 '세네트 게임'이 유명하다. 그 밖에도 다양한 종류가 있었던 것 같은데, 신전이나 무덤 등에서 여러 가지 보드게임이 발견되었다.

세네트 게임판과 말.

가장 인기 있었던 '세네트 게임'

10칸이 3열로 배열된 판 위에서 말을 움직여 노는 게임. 왕묘에서도 부장품으로 놓여 있었던 판이나 말이 발견되어 파라오도 이 게임을 즐겼다는 사실을 엿볼 수 있다. 크기나 형태 차이로 적군과 아군을 구별하는 말을 사용했다. 현재의 체커라는 보드게임의 원형이다.

개의 머리 스틱을 사용하는 게임

중왕국 시대에 즐겼던 게임. 규칙은 알 수 없지만 끝부분이 사냥개나 자칼의 머리 모양인 독특한 스틱을 사용한다.

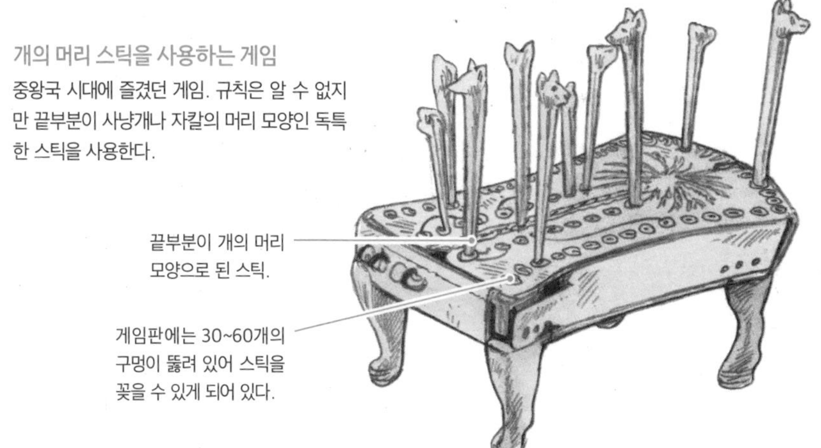
끝부분이 개의 머리
모양으로 된 스틱.
게임판에는 30~60개의
구멍이 뚫려 있어 스틱을
꽂을 수 있게 되어 있다.

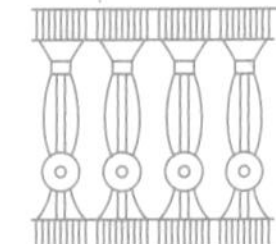

치장에 신경을 썼다

고대 이집트의 몸단장

고대 이집트 사람들은 매무새에 항상 신경을 썼던 듯하다. 여기에는 그들의 생활환경이 크게 관련된 것으로 보인다. 땀을 많이 흘리고 전염병의 병원균이 숨어 있는 강이나 늪지에서 작업하는 일도 많았던 그들은 피부를 청결히 유지하는 것이 얼마나 중요한지 알았을 것이다. 또한 종교적인 의미도 있었던 듯하다.

왕은 목욕으로 몸을 깨끗이 하고 하루를 시작했다. 서민들도 하루에 한 번은 몸을 씻고 종교의식이 있을 때는 여러 번 씻었다고 한다. 피부에는 정기적으로 오일(동물성 지방이나 식물 기름)을 발라 건조되지 않게 예방했다. 오일에 향료를 섞은 향유도 즐겨 썼다. 옷은 통풍이 잘 되는 아마 소재를 입었다. 귀족이나 왕족은 사람들 앞에 나설 때나 종교의식을 할 때 가발을 사용했다. 또한 일상적으로 사용했던 아이섀도는 안료에 살균 효과가 있고 파리를 막는 특성도 있어서 눈을 지키는 효과가 있었다고 한다.

현대와 닮은꼴인 이집트 여성들의 화장

안료를 사용한 눈 화장 외에도 붉은 염료로 손톱이나 발바닥, 머리카락을 물들일 때도 있었다. 고왕국시대에 이미 매니큐어나 페디큐어를 했다고 한다.

우유를 따르는 하인.

왕비가 아침 채비를 하는 그림. 거울을 들고 우유를 마시며 편안히 앉아 있다.

하인이 땋은 머리카락이 잔뜩 붙은 가발을 다듬고 있다.

고대 이집트의 여성들은 눈썹, 눈꺼풀, 속눈썹을 진하게 그렸다. 코올이라는 안료인데, 작은 봉이나 스푼으로 발랐다.

고대 이집트의 패션

땀을 많이 흘리는 이집트에서는 가볍고 통풍이 잘 되는 옷을 선호했다. 소재는 주로 아마천이다. 그런데 아마천에도 순위가 있었다. 귀족이나 왕족은 다양한 장신구를 몸에 두르고 셈 사제(Sem Priest)라 불리는 자는 어깨에 표범의 모피를 걸쳤다.

수수께끼 원뿔 모양 물체
향기를 굳혀서 원뿔 모양으로 만든 연고 덩어리. 움직이면 향이 퍼졌다.

남성은 기본적으로 통치마 하나만
선왕조 시대부터 남성은 기본적으로 짧은 통치마인 킬트만 착용했다. 킬트 모양에는 몇 가지 종류가 있는데, 중왕국 시대에는 앞쪽이 삼각형으로 된 독특한 킬트를 착용했고 신왕국 시대에는 셔츠나 튜닉 같은 의류를 같이 입었다.

여성은 흰 드레스가 주류
여성의 옷은 몸 전체를 덮는 흰 드레스가 대부분이었다. 신왕국 시대가 되자 패션이 다양해지면서 튜닉 위에 의복을 겹쳐 입고 팔 위쪽에서 맵시 있게 묶기도 했다. 이 여성도 위에 주름이 있고 술 장식이 달린 흰 드레스를 입었다. 아래에는 비치는 소재의 튜닉을 입었다.

다양한 소재의 샌들이 있었다
샌들 착용이 널리 퍼졌다. 나무껍질이나 동물껍질 등 다양한 소재로 만들어졌다.

귀 장식
무희와 여자 악사. 귀고리는 신왕국 시대에 외국에서 전해졌다.

머리띠
상류 계급의 물건은 보석을 박은 꽃 모양 장식이 되어 있기도 했다. 전반적인 장신구는 부적의 뜻도 있었다.

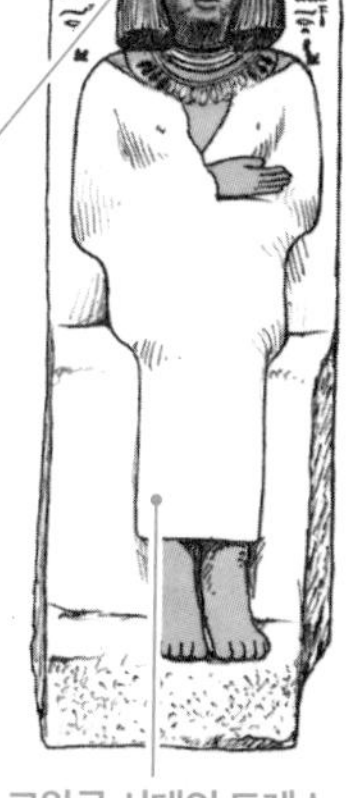

고왕국 시대의 드레스
폭이 넓은 어깨끈에 달린 부드러운 소재의 흰 드레스. 중왕국 시대까지 입었던 일반적인 복장이다.

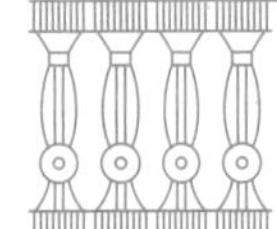

균형 잡힌 식생활

고대 이집트의 식탁

벽화 등에 그려진 고대 이집트인들은 모두 늘씬하고 군더더기 없는 몸매를 갖고 있다. 낮과 밤의 일교차가 크지 않아 감기에 걸릴 일도 없어 늘 건강을 유지했다고 한다. 여기에는 식사가 관련 있는 듯하다.

그들의 식사는 아침과 저녁 하루에 두 번이었다. 빵을 주식으로 양파, 마늘, 양상추, 오이 등의 채소와 과일, 생선 조금과 콩류를 일반적으로 먹었다. 이렇게 보면 식사에는 동물성 지방 등 몸에 나쁜 성분은 거의 들어 있지 않고 비타민이나 미네랄이 풍부한 균형 잡힌 건강식이었다는 사실을 알 수 있다. 그리고 음료는 주로 우유였다. 맥주는 기호품이 아니라 작업자들에게도 배급했다.

서민도 충분한 식사를 했는데, 상류 계급 사람들은 변화가 더 풍부한 식사를 즐길 수 있었다. 닭, 소, 양, 염소 등의 고기도 일상적으로 먹었고 꿀이나 기름을 듬뿍 사용한 요리와 고급품이었던 와인도 즐겼다. 그 결과, 건강한 서민과는 달리 비만도 있었던 모양이다.

새고기를 손질하는 사람들

서민의 식탁에 고기는 거의 오르지 않았지만, 가끔 기러기나 오리 같은 야생 새고기를 먹을 수 있었다. 서민에게 귀중한 단백질원이 되었다.

포도를 밟아 으깬다
줄기에서 딴 포도를 맨발로 밟아 과즙을 내는 작업. 헛디뎌 부딪히지 않도록 밧줄을 잡고 작업했다.

포도 수확
나일강에서 물을 끌어와 인공적으로 포도 농원을 만들었다.

풍요로운 식생활

와인은 포도가 있으면 간단히 만들 수 있었는데, 이집트는 포도 재배에 적합하지 않는 땅이었다. 인공적으로 적합한 환경을 만들어 포도를 재배했기 때문에 와인 생산량이 적어 귀중품으로 여겼다.

와인은 고급품

이집트의 와인 생산지로는 삼각주 지대나 오아시스가 유명했다. 혹은 시리아-팔레스타인에서 수입했다. 그래서 와인은 귀중품이었다.

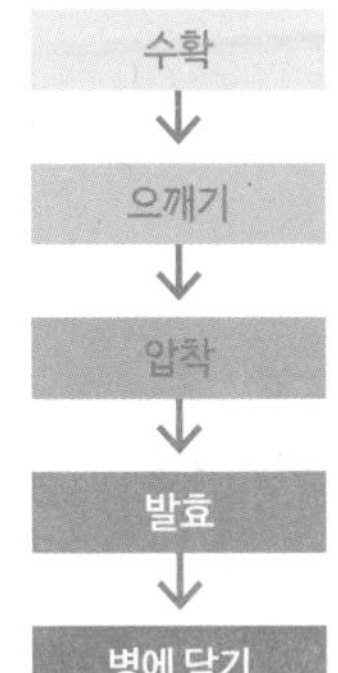

그물 안에 야생 새가 잔뜩 들어 있다. 그물 가득 잡은 야생새를 남자가 끌어당겨 처리하는 남자들에게 가져갔다.

빵을 굽는 모습. 항아리에 들어 있는 빵 반죽을 꺼내서 반죽틀에 채우려 하고 있다.

주식은 빵

가난한 집도 풍요로운 집도 주식은 빵이었다. 전문 빵 장인이 나온 것은 신왕국 시대 이후인데, 그때까지는 각 가정에서 매일 밀을 빻고 반죽해서 구워 빵을 만들었다. 빵 종류는 40가지 이상이나 되었다고 한다.

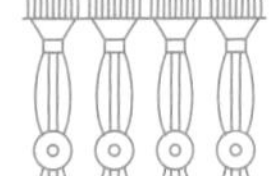

난해해서 잊힌 최대의 유적

히에로글리프 읽는 법

고대 이집트 문명이 남긴 유산에는 피라미드를 비롯하여 수없이 많은 훌륭한 건축물이 있지만, 그들이 남긴 가장 귀중한 것은 문자가 아닐까? 여러 장소에 남긴 문자에서 그들이 무엇을 생각하고 살았는지, 문명의 본질을 알 수 있다.

그러나 우리가 그 문자를 이해하기까지는 몇 세기나 시간이 필요했다. 고대 이집트에서 사용되었던 문자, 히에로글리프는 소리와 뜻을 모두 나타내는 문자 약 800글자로 이루어진 것이었다. 이른 시기에 탄생한 문자임에도 불구하고 다른 어떤 문명에서도 쓰이지 않았고, 후에 이집트에 침입하는 그리스인이나 로마인이 히에로글리프를 배운 기록도 없다는 사실이 그 독자성을 증명하고 있다.

고대 이집트어의 종류

제20 왕조의 히에라틱

위의 히에라틱을 히에로글리프로 바꾼 것.

히에라틱
신관문자. 히에로글리프의 필기체로 행정이나 종교 문서 등 주로 서기가 문서를 기록할 때 사용했다.

제3세기의 데모틱

위의 데모틱을 히에로글리프로 바꾼 것.

데모틱
민중 문자. 히에라틱을 더 간략하게 나타낸 문자. 민중이 사용하는 주요 문자로 퍼졌다.

24자로 이루어진 알파벳

히에로글리프는 24종류의 문자가 표준적인 알파벳으로 사용되었다.

나타내는 것	발음	히에로글리프	나타내는 것	발음	히에로글리프
태반(?)	ㅋ(ḫ)		이집트 대머리수리	아(ꜣ)	
암컷 동물의 배와 꼬리	ㅋ(ẖ)		갈대 이삭	이(i)	
빗장	ㅅ(s)		앞 팔	아(ꜥ)	
접은 천(옷감)	ㅅ(s)		메추라기 새끼	우(w)	
연못	쉬(š)		다리	ㅂ(b)	
언덕의 경사면	ㅋ(q)		등받이 없는 의자	ㅍ(p)	
손잡이 달린 그물 바구니	ㅋ(k)		뿔 있는 살무사	ㅍ(f)	
물병 놓는 곳	ㄱ(g)		올빼미	ㅁ(m)	
빵	ㅌ(t)		물, 잔물결	ㄴ(n)	
이음줄 (동물을 잇는 줄)	ㅊ(ṯ)		입	ㄹ(r)	
손	ㄷ(d)		울타리, 안마당	ㅎ(h)	
뱀	ㅈ(ḏ)		비튼 끈(아마)	ㅎ(ḥ)	

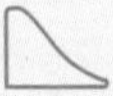

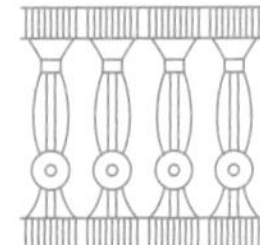

법칙 안에는 고대 이집트만의 의미가 담겨 있다

벽화 보는 법

벽화의 법칙과 그리는 법

고대 이집트의 벽화는 대상물을 자연의 모습으로 그리지 않고 일정한 법칙에 따라 그렸다. 인물이 서 있는 그림의 경우, 기준선으로 사각 눈금을 그렸다. 제3중간기까지는 아래 기준에 따랐는데, 26왕조부터는 그리스의 영향으로 비율에 변화가 생겼다.

머리, 얼굴, 손발, 상반신은 옆을 향하고, 눈, 어깨, 하반신은 정면을 향하고 있는 것이 기본 방향이다.

발의 크기는 3, 무릎까지 6, 배꼽까지 12, 관자놀이까지 18로 정해져 있었다.

눈금 크기는 그리는 도면의 크기에 따라 자유롭게 바꿀 수 있다.

벽에 기준선을 그린다 → **윤곽을 그린다** → **그림이나 문자를 새긴다** → **채색**

벽에 기준선을 그린다
기준이 되는 눈금을 그린다. 가끔 기준선 없이 그릴 때도 있었다고 한다.

윤곽을 그린다
빨간 잉크로 윤곽을 그린 후에 까만 잉크로 깨끗이 베껴 썼다. 이 과정엔 체크무늬가 남았다.

그림이나 문자를 새긴다
밑그림 주변을 깎아 선이 떠오르도록 조각하는 방법(양각 부조-감수자)과 밑그림대로 선을 바로 깎아 가라앉도록 조각하는 방법(음각 부조-감수자)이 있었다.

채색
물감으로 색을 칠했다. 각각의 색깔에도 의미가 있어서 정해진 법칙에 따라 색깔을 사용했다.

인물의 크기에도 의미가 있다

미술 표현의 법칙에 따라 그려진 인물의 크기에도 의미가 있었다. 인물의 크기는 물론 원근법이 아니라 크면 클수록 중요 인물이라는 뜻이었다. 주로 왕이나 그를 따르는 아내를 거대하게 표현했고, 아이나 하인 등은 작게 표현했다. 이는 사회나 가족 내의 상하 관계를 나타낸다고 한다.

람세스 2세의 카데시 전투 부조. 왕은 특별히 크게 그려져 있다. 이상적인 모습을 그리기 때문에 실제보다 젊게 표현하기도 했다.

적을 공격하는 이집트인 병사는 왕보다 매우 작다.

요새에 있는 적의 병사들은 이집트 병사보다 더 작게 그려졌다.

고대 이집트의 벽화나 회화는 그것을 보고 누구나 고대 이집트의 것이라는 사실을 알 수 있을 정도로 특징적이다. 그럴 수밖에 없는 것이 고대 이집트의 미술은 그 표현에 엄격한 법칙이 있었기 때문이다.

벽화로 나타낸 인물상은 서 있는 모습이나 앉아 있는 모습이나 기준선을 이용해서 정해진 비율로 그려졌다. 또한 몸의 방향을 그릴 때 얼굴과 몸이 각각 옆과 정면을 향하도록 표현했는데, 이렇게 방향을 혼재해서 그린 것은 대상의 특징을 가장 잘 나타내려는 '이집트의 사실주의'를 받아들였기 때문이다. 즉 법칙대로 표현된 인물상들은 이상적인 모습이었다. 사후의 부활 재생을 강하게 의식했기 때문에 내세에서도 이상적인 모습으로 있을 수 있도록 모범적으로 표현한 것이다. 채색할 때 사용하는 안료는 다양한 광물로 만들어져 쉽게 색이 바래지 않는 특징이 있었다. 흰색은 석회, 붉은색은 벵갈라, 파란색은 라피스 라줄리(청금석) 가루였는데, 나중에 인공적으로 이집션 블루가 만들어졌다. 광물제 안료는 색과 색을 섞지 않고 단독으로 사용하는 일이 많았다고 한다.

이집트 벽화는 건조한 기후 때문에 보존 상태가 좋은 것이 많다. 그 덕분에 오늘날에도 고대 이집트인의 실상을(표현적인 각색은 있지만) 접할 수 있는 것이다.

부록

고대 이집트에 관한 용어 해설과 참고 문헌

용어 해설

ㄱ

가짜 문

고왕국 시대 무덤에 같이 묻힌 묘비의 형태를 가리킨다. 석조 벽감(니치)에서 발달한 것인데, 결과적으로는 문을 본뜬 모양이 되었다. 가짜 문은 현세와 사후 세계인 내세를 잇는 것으로 간주되었다. 가짜 문 앞에는 공물 탁자가 놓여 있었다. 사자의 혼(바)은 이 문으로 드나들었다.

가짜 수염

고대 이집트에서는 남신과 파라오만 턱수염을 길렀는데, 파라오는 가짜 수염을 귀에 끈으로 걸어 장착했다. 파라오의 정식 복장 때 붙이는 것으로, 파라오가 가진 권력과 '좋은 신'으로서의 모습을 상징한다.

급류

나일강 상류에서 암반의 노출 등으로 항행이 어려운 장소를 가리킨다. 아스완 남쪽의 제1급류가 이집트와 누비아의 경계이다. 수단 북부까지 6개 존재한다.

관 문서

제1중간기·중왕국 시대의 장례와 제사 문서. 유해를 넣은 관에 기록되었다고 해서 이 이름이 붙었다. 고왕국의 피라미드 내부에 새겨진 '피라미드 문서'와 제2중간기·신왕국 시대 이후가 되어 보급한 '사자의 서'를 연결하는 것으로 중요하다. 고대 이집트인의 삶과 죽음의 세계관을 이해하는 데 매우 귀중한 자료이다.

ㄴ

나일로미터

나일강의 수위를 측정하기 위해 설치되었다. 나일강의 가운데 모래톱이나 강기슭, 신전 내부 등에 만들어졌다. 나일강은 하계에 물이 불어나면서 상류에서 비옥한 토양을 가져다줬다. 그 나일강의 수위를 측정하면 그해의 범람 시기나 규모를 정확히 예측할 수 있어 매우 중요한 의미를 지녔다.

ㄷ

도량형

길이 단위로는 팔꿈치에서 손가락 끝까지의 길이를 나타내는 큐빗, 엄지손가락을 제외한 네 손가락의 너비를 나타내는 팜, 손가락 하나의 너비를 나타내는 디짓이 있다. 1큐빗은 52.5cm로 7팜. 1팜은 4디짓. 100큐빗이 1로드. 면적의 단위로는 1평방 로드(한 변이 100큐빗)이고 약 3분의 2에이커의 넓이이다. 무게 단위로는 데벤이라는 단위를 썼는데, 1데벤이 약 91g, 10분의 1데벤이 케뎃(Kedet)이라 불렸다.

ㄹ

로제타석

나폴레옹의 이집트 원정군이 1799년에 나일강 하구의 라시드(옛 로제타)에서 발견한 비석인데, 기원전 196년에 프톨레마이오스 5세가 내린 칙령이 새겨져 있었다. 히에로글리프, 데모틱, 그리스 문자가 같이 기재되어 있다. 프랑스의 이집트학자 샹폴리옹은 1822년에 이 로제타석과 기타 자료로 히에로글리프를 해독하는 데 성공했다.

로터스(연꽃·수련)

북쪽의 하 이집트에서는 파피루스가 있었듯이 로터스는 남쪽의 상 이집트를 상징하는 식물이었다. 로터스는 저녁에 꽃봉오리를 닫고 해가 뜰 때 핀다고 해서 재생의 상징으로 여겨졌으며 옆에서 본 연꽃의 모양은 공예품이나 건축 장식 등에 활발히 그려졌다. 창조 신화에서 태양을 낳은 꽃으로 묘사되기도 한다.

ㅁ

마네톤

프톨레마이오스 왕조 초기인 기원전 3세기의 이집트인 사제로 역사가이다. 그가 그리스어로 저술한 《이집트사》는 원본은 남아 있지 않지만 후세에 사본이 몇 개 남아 있다. 제1왕조 초대 왕인 메네스부터 제31왕조의 다리우스까지 이집트의 왕조를 31로 나눴다. 현재의 우리도 고대 이집트에 대해 알아볼 때 이 마네톤의 왕조 구분을 사용하고 있다.

마스타바

벤치를 뜻하는 이집트의 아랍어에서 유래했다. 초기왕조 시대부터 고왕국 시대에 만들어진 무덤으로 단면이 사다리꼴의 상부 구조를 가졌다. 처음에는 햇볕에 말린 벽돌로 만들어졌지만, 나중에는 다듬은 돌들을 쌓은 석조가 일반적이 되었다.

ㅇ

암두아트의 서(저승의 서)

이집트어로 '저승에 있는 것'이라는 뜻의 장례와 제사 문서. 태양신이 서쪽으로 잠들고 이튿날 아침에 동쪽에서 떠오르기까지 밤의 12시간(저승) 동안 태양신의 항행을 기록했다. 신왕국 제18왕조의 왕묘 매장실 벽면에 삽화와 같이 그려졌다. 투트모세 3세와 아멘호테프 2세 무덤의 것이 잘 남아 있다.

앙크

고대 이집트어로 '생명'을 뜻한다. 한글 '우'와 비슷한 모양이다. 원래는 샌들 끈을 나타냈다고 한다. 부적이나 신전 부조 장식 등에 자주 사용됐다.

오스트라콘

문자를 쓰거나 스케치를 그린 석회암 파편이나 토기 조각을 가리킨다. 복수형은 오스트라카. 스케치나 벽화의 밑그림, 습작, 문학 작품, 영수증 등이 기록되었다.

와제트의 눈

손상되지 않은 완전한 호루스(매)의 눈으로 표현된다. 행복·번영·보호의 상징으로 부적이나 장신구에 사용되었다. 상처를 치유한다고 해서 시신의 내장을 적출한 후에 상처의 봉합부에 와제트의 눈을 그린 금속판을 놓았다.

우라에우스

낫 모양으로 고개를 들어올린 코브라의 모습을 하고 있다. 성스러운 뱀은 왕권의 상징으로서 왕관이나 왕의 두건의 이마 부분에 붙이기도 하고 왕의 궤 등 위쪽을 장식하는 데도 사용되었다.

우아스의 지팡이

고대 이집트어로 '지배'를 뜻한다. 위쪽은 동물의 머리 부분으로 장식되고 아래쪽 불쑥 튀어나온 부분은 두 갈래로 되어 있다. 왕과 신들이 가진 힘이나 권력을 상징하는 것이다.

ㅅ

세레크

원왕조(제0왕조)부터 사용된 왕의 호루스명을 기록한 왕명 틀을 말한다. 궁전의 정면을 본뜬 디자인인데, 틀의 위쪽에는 호루스 신인 매가 그려져 호루스명이라는 사실을 나타낸다. 제2왕조의 왕 페리브센은 세레크 위쪽에 호루스 신이 아닌 세트 신을 그려 세트명을 사용했다.

세르답

고왕국 시대에 죽은 자의 조각상을 안치한 방을 말한다. 집의 지하에 만들어진 저장고나 방을 가리키는 아랍어 시르다브에서 유래했다.

스카라브

고대 이집트어로 케페레르. 성갑충(성스러운 쇠똥구리)을 말한다. 스카라브란 학명에서 유래했다. 동물의 변을 동그랗게 만들어서 보금자리로 옮기는 모습이 하늘에서 태양을 옮기는 태양신과 동일시되었다. 나일강이 범람한 후에 처음으로 나타나기 때문에 창조신으로도 간주되었다.

이 곤충 모양의 인장이나 부적, 장신구가 많이 만들어졌다.

ㅈ

제드 기둥

안정이나 영원을 의미한다. 오시리스 신의 등골이라고도 불린다. 왕의 즉위 30년을 축하하는 '왕위 갱신제(세느 축제)'에서는 제드 기둥을 세우는 의식을 거행했다. 사자를 보호하는 부적으로 이용된다.

ㅋ

카르투나주

회반죽으로 굳힌 아마천이나 파피루스의 소재를 말한다. 제3중간기 이후에 미라를 넣은 인형관이나 미라 가면 등을 제작하기 위해 이용되었다. 사자의 칭호나 이름을 기록한 명문(銘文)이나 '사자의 서'에서 발췌된 글과 삽화 등이 카르투나주 관의 표면에 종교적인 도상과 함께 그려졌다.

카르투쉬

왕명을 에워싼 타원형의 왕명 틀로 즉위명과 탄생명이 카르투쉬에 기록되었다. 고대 이집트어로 셰누라고 불린다. 왕의 치세가 무한히 이어지도록 왕명을 원형 틀에 기록했는데, 왕명에 따라 원형이 확대되어 타원형이 되었다.

쿠쉬

이집트 남쪽, 수단 북부의 상누비아 지방으로 나일강 제2급류 이남 지역의 지명. 이집트의 신왕국 제18왕조가 침공하여 지배를 받게 된다. 기원전 8세기까지 쿠쉬 왕국이 성립하고, 이집트에 침입해 제25왕조가 되면서 일시적으로 전 이집트를 지배한다.

ㅌ

티트

이시스 여신의 보호를 상징하는 부적으로 사용되었다. '이시스 여신의 매듭'이라 불리며 이시스 여신의 띠의 매듭을 표현한 것이라고 한다. 홍옥수(카닐리언)나 적색 유리 등으로 만들어지는 경우가 많아 '이시스 여신의 피'를 상징하고 강력한 주술력을 가지는 것으로 생각되었다.

ㅍ

파이앙스

분말로 만든 석영에 소다 유약을 발라서 구운 것을 말한다. 구리를 첨가하기 때문에 선명한 푸른색을 띤다. 구슬, 부적, 소형 용기 등으로 만들었다. 약 950도 정도에서 구워 만든다.

파피루스

고대에는 이집트를 포함한 나일강 유역에 자생했던 식물이다. 북쪽의 하 이집트(삼각주 지대)를 상징하는 식물이기도 하다. 고대에 쓰던 종이의 원재료로 만드는 방법은 다음과 같다. 파피루스의 줄기를 얇게 벗겨서 가느다랗게 자르고 그것을 직교하듯 겹친다. 그런 다음 밀착 압박해서 건조한 후에 잘 닦는다. 길이가 40m나 되는 파피루스도 발견되었다.

팔레트(화장판)

아이섀도의 원료인 공작석이나 방연석 등을 빻아서 가루로 만들기 위한 석판인데, 주로 슬레이트(판 모양의 소재) 등으로 만들었다. 선왕조 시대부터 사용되었으며, 물고기나 새, 하마, 자라 등 다양한 동물의 모양을 본떴다. 원왕조(제0왕조)의 나르메르왕의 팔레트처럼 신전에 봉납된 대형 팔레트도 존재했다.

피라미드 문서

고왕국 시대의 장례와 제사 문서다. 눈을 감은 왕의 부활과 영원한 생명을 얻기 위해 장례 의식이나 공양 의식으로 낭송하는 주문 모음. 고왕국 제5왕조의 마지막 지배자 우나스의 피라미드 내부에 새겨진 것이 가장 오래된 것이다. 제8왕조의 이비 왕까지의 왕이나 왕비의 피라미드 9개 내부에 새겨져 있었다.

참고 문헌

본문 참고 문헌

곤도 지로(1992), 《만물의 시작 50화》, 이와나미쇼텐(近藤 二郎, 《ものの始まり50話》, 岩波書店)

곤도 지로(1997), 《이집트의 고고학》, 도세이샤(近藤 二郎, 《エジプトの考古学》, 同成社)

곤도 지로(2004), 《히에로글리프를 즐기다(슈에이샤 신서)》, 슈에이샤(近藤 二郎, 《ヒエログリフを愉しむ(集英社新書)》, 集英社)

곤도 지로(2008), 《이집트 고고학(개정판)》, 와세다대학교 문학학술원(近藤 二郎, 《エジプト考古学[改訂版]》, 早稲田大学文学学術院)

리처드 H. 윌킨슨(2002), 《고대 이집트 신전 대백과》, 도요쇼린(リチャード·H.ウィルキンソン, 《古代エジプト神殿大百科》, 東洋書林)

리처드 H. 윌킨슨(2004), 《고대 이집트 신들 대백과》, 도요쇼린(リチャード·H.ウィルキンソン, 《古代エジプト神 大百科》, 東洋書林)

마셀 마리(2011), 《파라오와 여왕(영국박물관 쌍서Ⅳ, 고대의 신과 왕의 소사전6》, 가쿠게이쇼린(マーセル マレ, 《ファラオと女王(大英博物館双書Ⅳ' 古代の神と王の小事典Ⅳ)》, 學藝書林)

마크 레너(2001), 《그림 해설 피라미드 대백과》, 도요쇼린(マーク レーナー, 《図説ピラミッド大百科》, 東洋書林)

무라지 쇼코, 가타기시 나오미(2016), 《그림 해설 이집트의 '사자의 서'(올빼미 책)》, 가와데쇼보신샤(村治 笙子, 片岸 直美, 《図説　エジプトの「死者の書」(ふくろうの本)》, 河出書房新社)

빌 맨리(2014), 《처음 시작하는 히에로글리프 실전 강좌》, 하라쇼보(ビル マンリー, 《はじめてのヒエログリフ実践講座》, 原書房)

야로미르 말렉(2004), 《이집트 미술》, 이와나미쇼텐(ヤロミール マレク, 《エジプト美術(岩波 世界の美術)》, 岩波書店)

요시무라 사쿠지 엮음(2005), 《고대 이집트를 아는 사전》, 도쿄도 출판(吉村 作治, 《古代エジプトを知る事典》, 東京堂出版)

유진 스트로할(1996), 《그림 해설, 고대이집트 생활지(상·하권)》, 하라쇼보(エヴジェン ストロウハル, 《図説 古代エジプト生活誌(上·下巻)》, 原書房)

우치다 스기히코(2007), 《고대 이집트 입문》, 이와나미쇼텐(内田 杉彦, 《古代エジプト入門》, 岩波書店)

와다 고이치로(2014), 《고대 이집트의 매장 습관(포플러 신서)》, 포플러샤(和田 浩一郎, ポプラ社《古代エジプトの埋葬習慣(ポプラ新書)》)

이안 쇼, 폴 니콜슨(1997), 《영국박물관 고대이집트 백과사전》, 하라쇼보(イアン ショー, ポール ニコルソン, 《大英博物館 古代エジプト百科事典》, 原書房)

일본 오리엔트학회 엮음(2004),《고대 오리엔트 사전》, 이와나미쇼텐(日本オリエント学会,《古代オリエント事典》, 岩波書店)

스기 이사무, 야카타 데이스케(2016),《이집트 신화집성(지쿠마 학예 문고)》, 지쿠마쇼보(杉 勇, 屋形 禎亮,《エジプト神話集成(ちくま学芸文庫)》, 筑摩書房)

쓰키모토 아키오 엮음(2017),《종교의 탄생: 종교의 기원·고대의 종교》, 야마카와 출판사(月本 昭男,《宗教の誕生：宗教の起源·古代の宗教》, 山川出版社)

J. 체르니(1993),《고대 이집트의 신들》, 야로쿠(J.チェルニー,《古代エジプトの神々》, 弥呂久)

조지 하트(2011),《이집트의 신들(영국박물관 쌍서IV, 고대의 신과 왕의 소사전2)》, 가쿠게이쇼린(ジョージ·ハート,《エジプトの神IV(大英博物館双書IV 古代の神と王の小事典2)》, 學藝書林)

플루타르코스(1996),《이집트 신 이시스와 오시리스의 전설에 대하여》, 이와나미쇼텐(プルタルコス,《エジプト神イシスとオシリスの伝説について》, 岩波書店)

헤로도토스(1996),《역사》, 이와나미쇼텐(ヘロドトス,《歴史》, 岩波書店)

감수 관련 참고 문헌

곽민수(2014), 〈고고학 자료를 통해서 본 투트모스 3세의 과거인식과 개인정체성〉,《인문논총》71(4), 191-228.

Hawass, Zahi, et al.(2010), Ancestry and Pathology in King Tutankhamun's Family, The Journal of the American Medical Association, 303(7)

고대 이집트 해부도감

1판 1쇄 발행 | 2022년 12월 7일
1판 6쇄 발행 | 2024년 12월 20일

지은이 | 곤도 지로
옮긴이 | 김소영
감수자 | 곽민수

발행인 | 김기중
주간 | 신선영
편집 | 백수연, 정진숙
마케팅 | 김보미
경영지원 | 홍운선
펴낸곳 | 도서출판 더숲
주소 | 서울시 마포구 동교로 43-1 (04018)
전화 | 02-3141-8301~2
팩스 | 02-3141-8303
이메일 | info@theforestbook.co.kr
페이스북 | @forestbookwithu
인스타그램 | @theforest_book
출판신고 | 2009년 3월 30일 제2009-000062호

ISBN 979-11-92444-35-2 (03930)